LEKTÜRESCHLÜSSEL
FÜR SCHÜLERINNEN UND SCHÜLER

Robert Musil

Die Verwirrungen des Zöglings Törleß

Von Manfred Eisenbeis

Philipp Reclam jun. Stuttgart

Dieser Lektüreschlüssel bezieht sich auf folgende Textausgabe: Robert Musil: *Die Verwirrungen des Zöglings Törleß*. Reinbek bei Hamburg: Rowohlt, 2002. (rororo. 10300.)

RECLAMS UNIVERSAL-BIBLIOTHEK Nr. 15345

Gesamtherstellung: Reclam, Ditzingen
Printed in Germany 2008

ISBN 978-3-15-015345-1

www.reclam.de

Inhalt

1. Erstinformation zum Werk

Der österreichische Schriftsteller Robert Musil (1880–1942) ist einer der bedeutendsten deutschsprachigen Autoren der ersten Hälfte des 20. Jahrhunderts. Sein umfangreiches literarisches Werk umfasst außer seinem Erstlingsroman *Die Verwirrungen des Zöglings Törleß* den großen, unvollendet gebliebenen Roman *Der Mann ohne Eigenschaften* sowie eine Reihe von Erzählungen und einige Theaterstücke. Außerdem schrieb er Essays und verfasste andere theoretische Schriften, in denen er zu Zeitproblemen Stellung bezieht.

Musil beginnt mit 22 Jahren seinen Roman zu schreiben und beschäftigt sich etwas mehr als zwei Jahre damit. Im Februar 1905 schließt er das Manuskript ab und sucht vergeblich einen Verleger. Erst nachdem der Kritiker Alfred Kerr (1867–1948) den Roman mit dem Autor überarbeitet und dann überaus positiv gewürdigt hat, kann er 1906 in Wien erscheinen.

Der *Törleß* stößt auf reges Interesse und ist ein Sensationserfolg. Dieser bewegt Musil dazu, statt einer Tätigkeit als Ingenieur und während seines Studiums der Philosophie und Psychologie eine Laufbahn als freier Schriftsteller einzuschlagen. In späteren Zeiten, wenn Musil Arbeitsschwierigkeiten hatte, oder zur Zeit seiner Emigration, als er verbittert und enttäuscht war, sprach er immer wieder gern über sein erfolgreiches Erstlingswerk.

Dessen dauerhafter Erfolg beruht hauptsächlich auf der Besonderheit des Stoffes und seiner spannenden Darstellung. Musil wählt einmal mit sicherem Griff das Genre des Schul- oder Internatsromans, das um die Jahrhun-

dertwende bei den Lesern sehr beliebt war. Seine offene Darstellung von damals weithin tabuisierten Verhaltensweisen ist ein Grund für das große Aufsehen, das der Roman bei seinem Erscheinen erregte.
Hinzu kommt die psychologisierende Art des Erzählens. Dem Autor geht es jedoch weniger um die wissenschaftlich fundierte psychologische Darstellung einer typischen Pubertätskrise als um die Darstellung der erkenntnistheoretischen Unsicherheit der Hauptfigur.

Der Roman ist wegen seiner Vielschichtigkeit und wegen der eingeschobenen Reflexionen nicht leicht zu lesen. Die Möglichkeit unterschiedlicher Akzentsetzungen und Sehweisen machen jedoch seinen Reichtum aus. Nicht zuletzt darin liegt seine Faszination. Jeder Aspekt führt von einer anderen Seite zur »Idee«, die dem Geschehen zu Grunde liegt: der Ich- und Wirklichkeitserfahrung eines jungen Menschen unter bestimmten gesellschaftlichen Bedingungen.

2. Inhalt und Aufbau

Die Story

Schauplatz des Geschehens ist ein Militär-Konvikt auf dem Gebiet des heutigen Tschechien. Die Hauptperson ist der sechzehnjährige Törleß, Sohn eines hohen österreichischen Staatsbeamten. Er ist ein Individualist, fühlt sich im Konvikt nicht wohl und hat am Unterricht wenig Interesse. Deshalb schließt er sich seinen älteren Kameraden Beineberg und Reiting an, zwei intriganten Führerfiguren der Klassengemeinschaft. Diese haben Basini, einen anderen Mitschüler, des Gelddiebstahls überführt und beschließen im Beisein von Törleß, ihn nicht den Lehrern anzuzeigen, sondern ihn zu quälen und zu missbrauchen. Törleß macht anfangs mit und verfolgt die Ereignisse ebenso fasziniert wie angewidert. Dabei kommt es vorübergehend zu einem homoerotischen Verhältnis zwischen ihm und Basini.

Uneinigkeiten zwischen den Verschwörern führen zur Aufdeckung der geheimen Aktivitäten. Von Törleß gewarnt, offenbart sich Basini in Todesangst der Institutsleitung. Reiting und Beineberg stellen in ihren Aussagen Basini als den eigentlich Schuldigen dar. Er muss die Anstalt verlassen. Törleß tritt freiwillig aus.

Diese relativ einfache äußere Handlung ist für Musil allerdings nur ein Mittel für die Darstellung von Törleß' inneren Erlebnissen, seiner seelischen Entwicklung sowie der einfühlenden Deutung seines Verhaltens.

Gang der Handlung

Der Text ist vom Autor in 29 Abschnitte von unterschiedlicher Länge unterteilt, die meist durch doppelte Leerzeilen voneinander getrennt sind. Einige längere Abschnitte sind wieder durch einfache Leerzeilen oder Gedankenstriche in kleinere Abschnitte untergliedert.

1. Abschied von den Eltern (7–23). Der erste, relativ umfangreiche Abschnitt schildert in einem eindringlichen, atmosphärisch dichten Bild die Ausgangssituation des Geschehens. Törleß, einziger Sohn eines österreichischen Hofrats, bringt mit seinen Kameraden Beineberg und Reiting seine Eltern, die ihn besucht haben, zum Bahnhof der entlegenen Stadt.

Der Erzähler berichtet rückblickend über Törleß' Eintritt in das Konvikt, über die Enttäuschung seiner hochgespannten Erwartungen in Bezug auf das Leben im Internat, das für ihn jedoch in »steter Gleichgültigkeit« (21) dahindämmert, und über sein Heimweh nach den Eltern. Das freundschaftliche Verhältnis zu einem Prinzen war durch Törleß' Schuld in die Brüche gegangen, und er hatte sich dann Beineberg und Reiting angeschlossen, deren »Wildheit« (17) ihm imponierte. Besondere Bedeutung hat die differenzierte Darstellung von Törleß' Gefühlen und seiner »inneren Hilflosigkeit« (17), die zeigt, dass er charakterlich noch völlig unfertig ist.

2. Gespräch in der Konditorei (23–35). Auf dem Rückweg vom Bahnhof durch die Vorstadt zum Internat kehren Beineberg und Törleß in einer Konditorei ein. Beineberg erzählt von seinem Vater, der als Offizier in Indien die indische Philosophie kennen gelernt hatte.

Der Erzähler berichtet von Törleß' Gefühlswelt und verweist dabei auf das spätere Resultat seiner inneren Entwicklung. Er ist in seinen eigenen Gedanken befangen und hört nicht genau zu. Plötzlich empfindet er einen »merkwürdigen Widerwillen« (26) gegenüber Beinebergs Körperlichkeit. Dann spricht er von seiner Langeweile, einem Einsamkeitserlebnis aus seiner Kindheit, seinem »Gefühl des Allein- und Verlassenseins« (32) und von seinem Problem, die Sprache der »Dinge« (31) nicht verstehen zu können.

3. Besuch bei Božena (35–49). Auf dem Heimweg von der Konditorei besuchen Beineberg und Törleß die Dorfhure Božena in einer entlegenen Waldkneipe. Bei ihr macht er die Erfahrung einer dunklen, unterschwellig-triebhaften Welt und eines unkontrollierbaren Gefühlslebens, Zeichen für die Pubertätskrise, in der er sich befindet. Der Erzähler schildert ausführlich Boženas Lebensweg. Törleß vergleicht sie mit seiner verehrten Mutter, die für ihn bisher ein geschlechtsloses Wesen war. Doch als er an das Verhalten seiner Eltern in einer Nacht im Park ihres Landhauses denkt, scheint ihm ihr Verhältnis zueinander nicht mehr unantastbar zu sein, und er hat das Gefühl, seine Vorstellung von ihrer Reinheit zu verraten.

Der Erzähler schließt an die Darstellung des realen Geschehens, des Besuchs bei Božena, die ausführliche Darstellung der Gedanken und Gefühle an, die durch das Ereignis in Törleß ausgelöst wurden. Seine pubertären Probleme werden deutlich, und er erkennt, dass der Zusammenhang zwischen ihr und seiner Mutter allein durch seine Person geschaffen wird.

4. Gespräche in der Roten Kammer (49–69). In der Roten Kammer, einem schwer zugänglichen Winkel im Dachstuhl des Instituts, erzählt Reiting seinen Freunden Beineberg und Törleß, dass er ihren Mitschüler Basini des Gelddiebstahls überführt habe. Sie wollen ihn jedoch nicht der Institutsleitung anzeigen, wie Törleß zunächst vorschlägt, sondern ihn streng überwachen und unter Aufsicht stellen. Er ist erpressbar und zum Opfer des sadistischen Machtwillens von Beineberg und Reiting geworden.

Törleß ist bei diesen Überlegungen seiner Mitschüler eher passiver Zuhörer. Ihn interessiert in seinem Drang zur Selbstfindung die Verwandlung, die sich seiner Meinung nach in Basinis Wesen vollzogen haben muss, als er das Unrecht beging. Er erkennt Risse in der ihm bekannten bürgerlichen Welt, wodurch eine zweite, dunkle, Welt wahrnehmbar wird.

5. Basini unter Aufsicht (69f.). In einem kleinen Abschnitt erfährt der Leser, dass Basini von seinen Mitschülern »unter Kuratel« (69) gestellt wird.

6. Brief an die Eltern (70–74). Nach einer negativen Charakterisierung Basinis berichtet der Erzähler, dass sich Törleß mit einem Brief an seine Eltern wendet, ihnen das Geschehene berichtet und sie um Rat fragt, wie er damit umgehen solle. Ihre Antwort befriedigt ihn jedoch nicht.

7. Reiting und Basini, Beinebergs Pläne (74–86). In einer Nacht berichtet Beineberg Törleß, dass er Reiting und Basini bei einer geheimen Zusammenkunft in der Kammer entdeckt habe. Er will Basini dadurch bestrafen, dass er ihn quälen und für seine pseudo-psychologischen Experimente benutzen will. Über diese Weiterentwicklung der Vorgänge ist Törleß bestürzt.

8. Das Unendliche (86–93). Im Park des Instituts, beim Anblick des Himmels, gewinnt der Begriff des Unendlichen für Törleß eine furchtbare und drohende Bedeutung. Ein Loch in den Wolken und der dahinter liegende unendliche

Himmel wirken rätselhaft auf ihn. Seine Erinnerungen an Erlebnisse und Menschen, seine Vorstellungen von Dingen und Ereignissen werden dadurch unsicher und doppelsinnig. Er verzweifelt fast, als er feststellen muss, dass er seine neuen Erfahrungen nicht sprachlich ausdrücken kann. Von seiner Einsamkeit ist er bedrückt.

9. Neue Pläne mit Basini (93–95). Törleß ist innerlich zerrissen, was sein Verhalten Basini gegenüber angeht. Er ist eifersüchtig auf Beineberg und Reiting, die ohne ihn Absprachen treffen. Basini wird auf den Dachboden bestellt.

10. Misshandlung Basinis (95–102). Basini wird von Beineberg und Reiting misshandelt, weil er wieder Schulden gemacht hat. Törleß nimmt dies anfangs nur oberflächlich wahr, gerät dann aber in »einen Zustand geschlechtlicher Erregung« (99) und zwingt schließlich Basini, sich selbst als Dieb zu beschimpfen. Aber dann fühlt er sich von dieser Szene angeekelt.

11. Die imaginären Zahlen (102–105). Durch das Erlebnis mit seinen Kameraden und Basini ist Törleß empfindlich für das Unerklärliche geworden. Der scheinbare Bruch in der Rationalität des Systems der Mathematik, der in dem Phänomen der imaginären Zahlen deutlich wird, gibt Törleß weitere Rätsel auf, die sich dem Zugriff rationalen Denkens zu entziehen scheinen. Törleß versteht nicht, wieso Rechnungen mit Zahlen, die es eigentlich nicht gibt, tatsächliche Ergebnisse bringen. Auch Beinebergs Erklärung genügt Törleß nicht, deshalb will er mit dem Mathematiklehrer sprechen.

12. Besuch beim Mathematiklehrer (105–110). Törleß bekommt von seinem Lehrer nur allgemeine Erläuterungen, die sein Problem nicht lösen helfen. Damit unzufrieden und von der gewöhnlichen Erscheinung des Lehrers in dessen alltäglicher Umgebung enttäuscht, geht er wieder.

13. Kant und die Folgen (110–113). Nach der Empfehlung des Mathematiklehrers, Kant zu lesen, beschreibt der Erzähler Törleß' bisheriges »schiefes Verhältnis zu Philosophie und Literatur« (111). Törleß will neu nachdenken und verbrennt seine bisherigen poetischen Versuche.

14. Scheitern der Kant-Lektüre (113–118). Törleß' Versuch, Kant zu verstehen, scheitert. Er berichtet Beineberg von dem unbefriedigenden Ergebnis seines Gesprächs mit dem Mathematiklehrer. Dieser sieht dessen Verhalten als typisch für die Erwachsenen an, die die eigentlichen Probleme nicht sehen, weil sie ihr Weltbild nicht gefährden wollen. Törleß kann sich Beinebergs pseudo-philosophischen Ausführungen nicht anschließen und bleibt verunsichert. Er will das Problem Basini nicht in diesem Zusammenhang sehen und grenzt seine Auffassung deutlich von der Beinebergs ab, der auf ihn erneut abstoßend wirkt.

15. Der Traum von Kant (118–124). Törleß' vergebliche Bemühungen um das Verständnis Kants wirken in einem Traum nach, in dem außer Kant auch seine Eltern, Beineberg und der Mathematiklehrer vorkommen. Zunächst ist er erschreckt, dann aber empfindet er eine »merkwürdige Sinnlichkeit« (123) und fühlt einen Zusammenhang dieser Erlebnisse mit Basini.

16. Verarbeitung durch Schreiben (124–131). Törleß versucht seine Grenzerfahrungen unter dem anspruchsvollen Titel »De natura hominum« aufzuschreiben und zu deuten. Er erinnert sich an ein Kindheitserlebnis, als ihn die Macht der Musik ahnen ließ, dass es neben der gewohnten Welt noch eine andere gibt, die »stärker, größer, schöner, leidenschaftlicher, dunkler« (130) als der Mensch selbst ist. Im

Augenblick der Niederschrift glaubt er zur Erkenntnis dieser Welt zu kommen. Aber dann ist dieser Augenblick vorüber, und er gewinnt keine Klarheit über seine Empfindungen.

17. Ende der Aufzeichnungen (131–133). Törleß kann seine Aufzeichnungen nicht weiterführen und seinen Weg zur Erkenntnis nicht weitergehen. Seine Erfahrungen entziehen sich schriftlicher Fixierung. Deshalb will er auf die Philosophie verzichten und einen eigenen Weg einschlagen. Von Basini fühlt er sich stark angezogen. Die heimlichen Zusammenkünfte seiner Kameraden mit Basini gehen unterdessen weiter.

18. Törleß und Basini (133–136). Während der Ferien bleiben nur Törleß und Basini im Internat zurück. Sie halten sich im gleichen Raum auf. Törleß fühlt sich stark zu Basini hingezogen.

19. Verhör in der Roten Kammer (136–159). In einem ausführlichen Abschnitt schildert der Erzähler Törleß' Annäherung an Basini. In der Nacht wird Törleß von seiner »sinnlichen Erregung« (138) wach gehalten. Er gibt seinem »triebhaften Wunsch« (137) nach und weckt Basini, obwohl er nicht weiß, was er eigentlich von ihm will. Basini geht ohne zu fragen zur Dachkammer und zieht sich aus. Offensichtlich ist er es gewöhnt. Törleß ist von Basinis Schönheit hingerissen. Er unterzieht ihn einem »Verhör« und will unbedingt wissen, was Beineberg und Reiting mit ihm tun und was sich in seinem Innern abspielt, wenn er von ihnen erniedrigt und gequält wird. Basini gibt Auskunft über den sadomasochistisch-homosexuellen Umgang der beiden mit ihm und wiederholt immer wieder, Angst und Zwang hätten ihn so handeln lassen. Er könne nichts dafür, habe dabei nichts gefühlt und nichts überlegt.

Törleß quält Basini mit demütigenden Befehlen, um endlich zu einem Verständnis der triebhaften Sphäre des Sexuellen zu kommen. Aber er gelangt lediglich zu Spekulationen über sein eigenes mögliches Verhalten in Basinis Situation, ohne dabei Klarheit zu gewinnen. Er erkennt jetzt erneut die »unsichtbare Grenze« (151) zwischen der Vorstellung von einem Ereignis und dessen Realisierung, zwischen gefühltem und gelebtem Leben.

20. Die homosexuelle Begegnung (151–153). Im Schlafraum kommt Basini an Törleß' Bett. Törleß gibt, anfangs widerstrebend, Basinis Verführungsversuch nach. Dann gerät er in Ekstase. Aber er weigert sich noch immer, sich zu seiner Sinnlichkeit zu bekennen.

21. Die Bedeutung von Törleß' Verhalten (153–162). Der Erzähler berichtet von den Folgen der sexuellen Begegnung. Er beschreibt Törleß' Gedanken und Gefühle sowie die Bedeutung des Ereignisses für sein späteres Leben. Dabei rechtfertigt er dessen Verhalten mit dessen »augenblicklich ziellose[r] geistige[r] Situation« (162). Nach der Rückkehr seiner Kameraden kann sich Törleß noch nicht aus seiner Beziehung zu Basini lösen. Er trifft sich noch einige Male mit ihm. Dann aber schämt er sich, seinem Trieb nachgegeben zu haben, und meidet Basini.

22. Ankündigung neuer Quälereien (163–169). Beineberg und Reiting merken, dass sich Basini von ihnen zurückzieht. In einer Unterredung in der Roten Kammer beratschlagen sie mit Törleß über Möglichkeiten, Basini wieder unter ihre Gewalt zu zwingen. Beineberg überlegt, Basini der Klasse auszuliefern, will ihn jedoch zunächst als Versuchsobjekt für ein hypnotisches Experiment missbrauchen. Törleß wendet nichts gegen diesen Vorschlag ein, da ihm Basini immer gleichgültiger wird. Er will abwarten.

23. Das Experiment (169–174). In der Dachkammer versucht Beineberg, Basini zu hypnotisieren, angeblich um dessen Seele sichtbar zu machen. Als sein Experiment misslingt, schlägt er enttäuscht auf Basini ein. Törleß fühlt sich von der brutalen Szene angewidert und geht. Er spürt, dass eine Veränderung mit ihm vorgegangen ist.

24. Basinis Bitte um Hilfe (174–179). Auf Basinis Bitten hin trifft sich Törleß widerwillig mit ihm. Basini fleht ihn um Hilfe an, da die Quälereien durch seine Peiniger unerträglich geworden sind, und zeigt ihm seinen geschundenen Körper. Der hinzukommende Reiting droht Basini mit neuen Demütigungen in Anwesenheit von Törleß. Dieser lehnt jedoch eine Teilnahme an der Quälerei ab.

25. Törleß' Warnung an Basini (179–184). Beineberg und Reiting befehlen Törleß, einer neuen Züchtigung Basinis beizuwohnen. Sie drohen, ihn andernfalls vor der Klasse als Mitschuldigen Basinis bloßzustellen. Aber trotz seiner Angst vor ihrer Rache widersetzt er sich ihrer Forderung, bei weiteren Quälereien anwesend zu sein. Hilfe findet er in dem früheren Brief seiner Eltern. Er gibt Basini den Hinweis auf das Fürchterliche, das ihm bevorsteht, und rät ihm dringend, sich dem Direktor selbst anzuzeigen.

26. Basinis Misshandlung (184–186). Auf Beinebergs und Reitings Betreiben wird Basini von der Klasse fürchterlich misshandelt. Zu noch schlimmeren Quälereien kommt es nicht mehr, denn am nächsten Morgen erscheint der Direktor mit Lehrern und ordnet »eine strenge Untersuchung an« (186). Man weiß nicht, wer ihn informiert hat.

27. Törleß' Reaktion (186–188). Törleß wird nicht verdächtigt, der Informant gewesen zu sein. Der Erzähler sieht »eine Entwicklung« in Törleß »abgeschlossen« (187). Dieser sieht seine Aufzeichnungen über seine Entwicklung durch, fühlt sich jedoch »unsicher« (188). Er weiß nicht, wie er sich den Lehrern gegenüber rechtfertigen kann.

28. Törleß' Rechtfertigung vor den Lehrern (188–197). Törleß flieht vor dem Verhör aus dem Internat. Er wird aber bald wieder zurückgebracht. Der Grund für seine Flucht wird in seiner »moralischen Feinfühligkeit« (189) gesehen. Beineberg und Reiting schieben alle Schuld an dem Geschehen auf Basini. Törleß formuliert engagiert die Probleme, die ihn in den vergangenen Wochen verwirrt hatten. Er ordnet die Erlebnisse mit Basini in eine Reihe anderer unerklärlicher Erlebnisse ein und führt sie alle darauf zurück, dass er die »Dinge in zweierlei Gestalt sehe« (195). Jetzt akzeptiert er die beiden Seiten der Welt. Die verständnislosen Lehrer bitten Törleß' Eltern, ihren Sohn wegen seiner »Überreizung« (197) aus dem Institut zu nehmen.

29. Der Abschied (197–200). Basini wird zur Strafe aus der Anstalt entlassen. Auch Törleß will sie verlassen. Er ahnt die Bedeutsamkeit der Ereignisse und Erlebnisse für sein weiteres Leben und weiß, dass er eine neue Stufe seiner Entwicklung erreicht und seine Identität gefunden hat. Die Mutter holt ihn auf dem Bahnhof ab, und damit schließt der Erzähler den Bogen zum Anfang des Geschehens.

Aufbau

Die Nummerierung der einzelnen *Abschnitte* erleichtert das Aufspüren und Bestimmen der Struktur des Romans. Man kann die ersten drei Abschnitte als **Einleitung** betrachten. Sie zeichnen den familiären und schulischen Hintergrund, schildern die ersten Jahre im Konvikt und beschreiben die Episode mit Božena.

Der **Hauptteil** (*4–26*) umfasst die Handlung um Basini, zeichnet die Entwicklung von Törleß nach und stellt die verschiedenen Arten seiner Verwirrung sowie seine Sprachnot dar.

Teile des Romans

Sein erster Unterteil (*4–16*) zeigt hauptsächlich die Entstehung von Törleß' geistig-seelischer Verwirrung, der zweite Teil (*17–26*) arbeitet vorwiegend seine Gefühlsverwirrung in der Begegnung mit Basini heraus.
In den **letzten drei Abschnitten** (*27–29*) wird das Geschehen durch die Darstellung von Törleß' Flucht und Rückkehr, seiner Rede vor den Lehrern und seines Weggangs aus dem Konvikt abgerundet. Die Entwicklung von Törleß ist abgeschlossen, er hat seine Identität gefunden.

Die Grenzen und Übergänge zwischen den Teilen sind fließend. Entsprechend dem einheitlichen thematischen Grundcharakter des Romans werden unterschiedliche Schwerpunkte gesetzt.

Man kann ein **äußeres** und ein **inneres Geschehen** unterscheiden. Das äußere Geschehen umfasst Episoden wie z. B. den Abschied von den Eltern, den Besuch in der Konditorei, den Besuch bei Božena, das Geschehen in der Roten Kammer, den Besuch beim Mathematiklehrer, die sexuelle Begegnung mit Basini, die Aufdeckung des Geschehens und die Vernehmung durch die Lehrer.

Äußeres und inneres Geschehen

Das äußere Geschehen ist allerdings nicht die Hauptsache, sondern die Grundlage des inneren Geschehens, nämlich (der Beschreibung und Analyse) der unterschiedlichen Irritationen von Törleß, der am Ende zu sich selbst findet. Dies ist das eigentliche Thema des Romans.

Inhalt und Aufbau des Romans

	Entstehung der »Verwirrungen«	**Törleß' Verwirrungen**		**Ergebnis der Entwicklung**
		Törleß' intellektuelle »Verwirrungen«	Törleß' moralische »Verwirrungen«	
Abschnitt	*1–3*	*4–16*	*17–26*	*27–29*
Seite	7–49	49–186	131–186	186–200
Themen	Abschied von den Eltern (*1*) Gespräche in der Konditorei (*2*) Bei Božena (*3*) Ausgangssituation, Voraussetzungen	Basinis Diebstahl; unter Kuratel (*4,5*) Brief an die Eltern (*6*) Reiting und Basini (*7*) Misshandlung Basinis (*9, 10*) Imaginäre Zahlen (*11, 12*) Kant und die Folgen (*13, 14, 15*) Rechenschaft über sein Erleben: *De natura hominum* (*16*)	Annäherung an Basini (*17, 18, 19*) Homosexuelle Begegnung mit Basini und ihre Folgen für Törleß (*20, 21*) Ankündigung neuer Quälereien Basinis (*22*) Das Experiment (*23*) Gefährdung Basinis (*24, 25*) Neue Misshandlungen (*26*)	Auswirkungen des Geschehens auf Törleß (*27*) Törleß' Rechtfertigung vor den Lehrern (*28*) Törleß' Abschied (*29*)
Probleme	Unsicherheit	Grenzen des Verstandes, Sprachnot, Spaltung der Welt, intellektuelle Verwirrung	Sinnlichkeit, Spaltung des Menschen, moralische Verwirrung	Selbstfindung

Identitätsfindung von Törleß: Integration der Welt des Verstandes und der Welt der Sinnlichkeit

3. Personen

Eine in den Hauptzügen stimmige Zusammenfassung der Personendarstellung im *Törleß* gibt eine briefliche Äußerung des Autors am 22. März 1905: »Die Zeichnung der Charaktere ist stilisiert, alles auf die kürzeste Linie zusammengefaßt, keine vollen Menschen dargestellt, sondern jeweils nur die Schwerlinie […]. Die psychologischen Schwerlinien gehören mehr oder minder konstruierten Figuren an.«[1]

Ein wichtiges Merkmal rechtfertigt es, von »konstruierten Figuren« zu sprechen: Alle Personen sind auf Törleß hin angelegt. Deshalb haben sie weniger eine individuelle als eine funktionale Bedeutung. Der Erzähler arbeitet an ihnen bestimmte Wesenszüge heraus und lässt sie erscheinen und verschwinden, wie es zu Törleß' Entwicklungsstufe passt. Besonders deutlich wird dieses Vorgehen beim Prinzen, bei Božena und beim Mathematiklehrer.

Ausrichtung auf Törleß

Beineberg und Reiting verkörpern überspitzt jeweils einen dominierenden Charakterzug von Törleß. In Reiting zeigt sich Törleß' Wunsch nach Macht, in Beineberg drückt sich seine Neigung zur Irrationalität aus. An Basini sieht er, wohin Passivität im Extremfall führen kann. Törleß' Persönlichkeit kann nicht statisch, sondern muss in einer entscheidenden Entwicklungsphase ihrer Reifung betrachtet werden. Die Charaktere von Beineberg, Reiting und auch Basini sind dagegen statisch angelegt, sie lassen keine Entwicklung erkennen.

Beinebergs Vater

Beineberg. Beineberg ist nicht der geistig unabhängige junge Mann, der er zu sein vorgibt, sondern er ist stark vom Denken seines Vaters beeinflusst, der als junger Offizier in Indien gedient hatte. Dessen buddhistisch inspirierte Vorstellungen, Gedanken und Ideen hat er unkritisch und vergröbernd übernommen. Er hegt die phantastische Hoffnung, »sich mittels ungewöhnlicher seelischer Kräfte eine Herrschaft sichern zu können« (26).

Törleß' Eindruck

Törleß' Haltung gegenüber Beineberg ist ambivalent. Einerseits empfindet er ihm gegenüber einen »merkwürdigen Widerwillen« (26). Sein Kopf erinnert ihn »an den einer Fledermaus« (27). Beim Anblick seines schlanken Körpers fallen ihm »unruhige, sich windende Bewegungen« ins Auge, die an eine Schlange erinnern, und die Hände »hatten etwas Unzüchtiges an sich« (27), das Törleß »einen ekligen Schauer über die Haut jagte«, weil sich »etwas Geschlechtliches [...] zwischen seine Gedanken drängte« (28). Mit diesen Kennzeichnungen zeigt der Erzähler, dass Törleß hinter Beinebergs scheinbar selbstsicherem Hochmut verkrampfte Triebhaftigkeit spürt, die ihn abstößt.

Andererseits verkörpert Beineberg Wesenszüge, die auch in Törleß liegen. Auch Beineberg meint, »daß die Sinnlichkeit vielleicht das richtige Tor« zur Erkenntnis sein könnte.

Beineberg trägt Törleß mehrmals sein »Konglomerat von Gedanken vor, in dem sich in verschwommener Form fernöstlich-mystisches Seelenwanderungs-Denken mit dem Glauben an Hypnose sowie mit Erinnerungen an Nietzsches Idee des Übermenschen und an die von ihm bekämpfte christliche Moral vermischt«[2]. Diese Gespräche berühren Törleß kaum. Aber wenn es um intellektuelle Probleme geht, ist Beineberg der Einzige, »mit dem er über etwas Derartiges sprechen konnte« (103), so z. B. über imaginäre Zahlen (vgl. 103 f.). Er kann Törleß zwar keine befriedigende Antworten geben, allerdings erkennt er, dass Wissenschaft ihre Grenzen hat und dass es etwas Wesentliches gibt, wofür sie nicht zuständig ist.

Im Verlauf des Geschehens wird deutlich, worin sich beide unterscheiden: Zwar bemüht sich auch Beineberg, rationale Zusammenhänge hinter der für ihn befremdlichen Wirklichkeit zu erfassen, doch er verwirft emphatisch jede naturwissenschaftlich begründete Weltanschauung: »Täuschung ist sie, Schwindel ist sie, Schwachköpfigkeit! Blutarmut!« (116). Törleß will Klarheit über seine Gedanken und Gefühle, Beineberg will mit Menschen experimentieren und dadurch Macht gewinnen.

Besonders in ihrem Verhalten gegenüber Basini unterscheiden sie sich. Dieser ist für Törleß das Objekt, an dem er seine Sinnlichkeit erfährt und sich selbst zu erkennen versucht. Nach dem sexuellen Kontakt mit ihm will er ihn nicht quälen, wie dies seine Kameraden tun, sondern »nur zwingen, selbst die volle Wahrheit zu sagen« (141). Er kann nicht ausschließen, dass er unter bestimmten Umständen ebenso gehandelt hätte wie Basini. Beineberg dagegen geht davon aus, dass der Stärkere das Recht hat, den Schwächeren zu unterdrücken. Der Schwächere ist Basini, an dem er sich erproben will und der deshalb für ihn experimentellen Wert hat. Er ist das Objekt, an dem Beineberg seine sadistischen Triebe befriedigen, Macht ausüben kann. Er gibt vor, er müsse Basinis Seele hervorlocken und sein eigenes Mitleid bekämpfen. Er will Basini »quälen« (82) und »täglich an ihm […] lernen, daß das bloße Menschsein gar nichts bedeutet, – eine bloße äffende, äußerliche Ähnlichkeit« (85).

Diese verbrecherische Verhaltensweise hat einen Höhepunkt nach dem gescheiterten Hypnose-Experiment, als er sich »an Basini müde« schlägt (174), während Törleß angewidert die Dachkammer verlässt. Beineberg stellt seine verwirrten Gedanken nicht in Frage, nimmt das Recht zum Verbrechen für sich in Anspruch und behält dabei sein gutes Gewissen. Er benutzt Basini aber auch, um seine sexuellen Triebe zu befriedigen. Dabei versucht er sein Verhalten, das immer mit der Anwendung von Gewalt endet, mit seiner abstrusen Philosophie zu begründen (vgl. 144). Basini meint, Beineberg glaube selbst nicht an diese Reden. Er erkennt, dass sie ihm zur Verschleierung seines Sexualtriebes dienen, also ideologische Funktion haben.

Beineberg und Basini

Zu Beginn des Geschehens hat Törleß Angst vor Beineberg und seinen Ideen. Er erscheint ihm »wie eine unheimliche, große, ruhig in ihrem Netz lauernde Spinne« (80). Gegen Ende wagt er jedoch gegen ihn Widerstand und zeigt dadurch seine gefestigte Identität und seine neu errungene Selbstständigkeit (vgl. 179).

Reiting. Reiting ist ein intriganter, rücksichtsloser Tyrann. Er übt sich im Manipulieren der Masse, beherrscht die öffentliche Meinung und kann die Doppelexistenz, die er mit seinen Freunden führt, geschickt tarnen.

Er rechnet mit Enthüllungen seiner Mutter bezüglich einer hohen Herkunft, will Offizier werden und bereitet sich auf eine Rolle in der Politik vor. Zwischen ihm und Beineberg herrscht nach anfänglichen Auseinandersetzungen eine Art Burgfriede. Jeder erkennt die Fähigkeiten des anderen an, sie halten aus »gemeinschaftlichem Interesse« (56)

Reiting und Beineberg

zusammen und haben sich stillschweigend auf eine gemeinsame Herrschaft über die Mitschüler geeinigt.

Gegenüber Beinebergs sexuellen Ausschreitungen und seinem philosophisch verbrämten Sadismus wirkt Reitings unideologische Bosheit auf den Leser fast sympathisch, zumal er über ein gewinnendes Wesen verfügt, seine schlimmen Unternehmungen »mit liebenswürdigem Lachen« durchführt und sich entschuldigt: »Ich übe mich dabei« (55). Reiting wird aber vorwiegend als machthungriger Intrigant mit faschistoiden Zügen charakterisiert: »Er war ein Tyrann und unnachsichtig gegen den, der sich ihm widersetzte. Sein Anhang wechselte von Tag zu Tag, aber immer war die Majorität auf seiner Seite« (56). Er »kannte kein größeres Vergnügen als Menschen gegeneinander zu hetzen, den einen mit Hilfe des anderen unterzukriegen« (55).

Machtausübung

Reiting tritt lange nicht in Erscheinung, aber er läuft zu großer Form auf, als es ihm gelingt, Basini des Diebstahls zu überführen. Für ihn ist die Tat selbst nicht von großer Bedeutung. Wichtig ist ihm allein, dass er dadurch Basini in der Hand hat, an ihm seine Macht erproben kann und das »Vergnügen« (68) hat, ihn auf immer andere Weise zu misshandeln, allerdings ohne Beinebergs ideologischen Überbau. Er wird mit der »Überwachung« (70) der Einhaltung der Bedingungen beauftragt, die man Basini mitteilt, und er spielt diese Machtposition hemmungslos aus.

Reiting und Basini

Basini erzählt, im Gegensatz zu dem pseudophilosophischen »Umweg« (144) Beinebergs habe sich Reiting ihm gegenüber sexuell direkt genähert. Aber auch er habe dann Gewalt angewendet, weil er sich einer »Sache« (143) gegenüber nicht zu genieren brauche.

Nachdem sich Basini unter Törleß' Einfluss etwas von Reiting gelöst hat, will dieser ihn »noch weiter demütigen und herunterdrücken« (163). Er denkt sich raffinierte Folterpraktiken aus und will sehen, »wie weit das geht« (163). Von ihm stammt die Idee, Basini der Klasse auszuliefern. »Massenbewegungen« hat er »gern« (163), und es ist ihm »ein außerordentliches Vergnügen« (164) zu sehen, wie die Klasse sich in diesem Fall verhält. Eine seiner Meisterleistungen ist der »glänzend« inszenierte Auftritt am Schluss, in der die Schüler »alle Schuld auf Basini« wälzen (188) und ihre Lehrer hinters Licht führen.

Basini. Basinis Verhalten und Wesen wird negativ beschrieben (70f.). Er hat »weiche, träge Bewegungen und weibische Gesichtszüge«, ist von geringem Verstand, brüstet sich mit erotischen Erlebnissen, die er wegen seiner »zurückgebliebenen Entwicklung« nicht hat, und lügt »aus Eitelkeit« (71). Durch seinen Diebstahl gibt er den Anstoß zum Geschehen. Als positive Eigenschaft besitzt er nur »eine Art koketter Liebenswürdigkeit« (70). Die zusammenfassende harte Beurteilung erstaunt allerdings: »Die moralische Minderwertigkeit [...] und seine Dummheit wuchsen auf einem Stamm« (71).

Lust in der Erniedrigung

Aus Reitings Bericht über die Art und Weise, wie er sich Basini gefügig gemacht hat, geht am besten dessen Neigung hervor, in der Erniedrigung auch Lust zu empfinden: »Er wollte mir gehorsam sein, alles tun, was überhaupt ich wünsche [...]. Um diesen Preis bot er sich mir förmlich zum Sklaven an, und die Mischung von List und gieriger Angst [...] war widerwärtig« (62f.).

Basini beugt sich seinen Peinigern ohne Selbstachtung und ohne den Willen, sich gegen sie aufzulehnen. Grund dafür ist wohl außer seiner masochistischen Neigung eine gleichgeschlechtliche Veranlagung. Törleß gegenüber rechtfertigt er sich damit, seinen Fehltritt »wieder gut machen zu können« (145). Als Törleß von ihm eine Erklärung für sein Verhalten haben will, kann er keine geben, es sei »einfach plötzlich geschehen« (146).

Chancenlosigkeit

Basinis geistige Beschränktheit ist sicher ein Grund dafür, dass er seine Lage falsch einschätzt und nicht erkennt, dass er keine Chance gegenüber seinen sadistischen Mitschülern hat. Ein anderer Grund liegt in seiner sozialen Situation. Wenn sein Diebstahl auffällig wird, hat er schlimmere Sanktionen zu befürchten als seine Mitschüler. Er ist zwar adliger Herkunft, seine Mutter gilt als »vermögende Dame« und sein Vormund ist »Exzellenz« (51). Aber am Ende stellt sich heraus, dass seine Mutter Witwe ist und kaum über die finanziellen Mittel verfügt, ihrem Sohn den Aufenthalt im Internat zu bezahlen (vgl. 185). Wenn er wegen seiner Tat die Anstalt verlassen müsste, wären seine gesellschaftliche Stellung und seine beruflichen Zukunftsaussichten in Frage gestellt. Dies sucht er zu vermeiden. Doch er muss den Terror seiner Peiniger ertragen und trotzdem am Ende die Anstalt verlassen.

Versuchsobjekt

Basini übernimmt stellvertretend die sexuelle Funktion von Božena. Sie verführt die Jungen des Konvikts, er liefert sich ihnen willenlos aus. Sie ist Außenseiterin der Gesellschaft, Basini wird durch seinen Ausschluss von der Schule von der Gesellschaft ebenfalls zum Außenseiter gemacht.

Die Gruppe. Bei der Gruppe der drei Jugendlichen handelt es sich um ein Zweckbündnis, wobei die Machtausübung innerhalb des »Herrschertriumvirats«[3] nicht stabil ist. Zusammengeführt werden sie durch Basinis Diebstahl und durch die beschlossene Selbstjustiz. Törleß hat sich Beineberg und Reiting aus Langeweile und Bewunderung ihres Verhaltens angeschlossen. Diese benutzen seinen beweglichen Geist für ihre Zwecke. Wegen seiner besonderen Ziele und wegen seiner Rolle als »geheimer Generalstabschef« (57) nimmt er eine Sonderstellung in dieser Kleingruppe ein.

Zusammenhalt

Die Jugendlichen haben zwar gemeinsame Interessen, z. B. das Doppelleben in der Roten Kammer, den Umgang mit Basini. Allerdings werden auch Spannungen deutlich: So ist Törleß auf Beineberg und Reiting eifersüchtig, als diese sich ohne ihn besprechen. Als Beineberg von Reitings geheimen Zusammenkünften mit Basini erfährt, wittert er Betrug. Die Kenntnis dieses Geheimnisses will er gegen Reiting verwenden, wenn es erforderlich sein sollte. Außerdem wird Törleß von beiden bedroht, als er sich von ihnen am Schluss distanziert.

Spannungen

Törleß ist durch sein Verhalten Basini gegenüber nicht nur Mitläufer, sondern zeitweilig auch Mittäter. Er ist jedoch weniger als sie aktiv an den grausamen Geschehnissen beteiligt. Durch Basini gewinnt er sinnliche Erfahrungen. Im Gegensatz zu Reiting und Beineberg »übt« er sich nicht an Basini, sondern verfällt ihm vorübergehend erotisch als der Verkörperung der dunklen und passiven Seite seines Wesens, bevor er sich von ihm löst und seine Identität findet.

Törleß und Basini

Die Personen

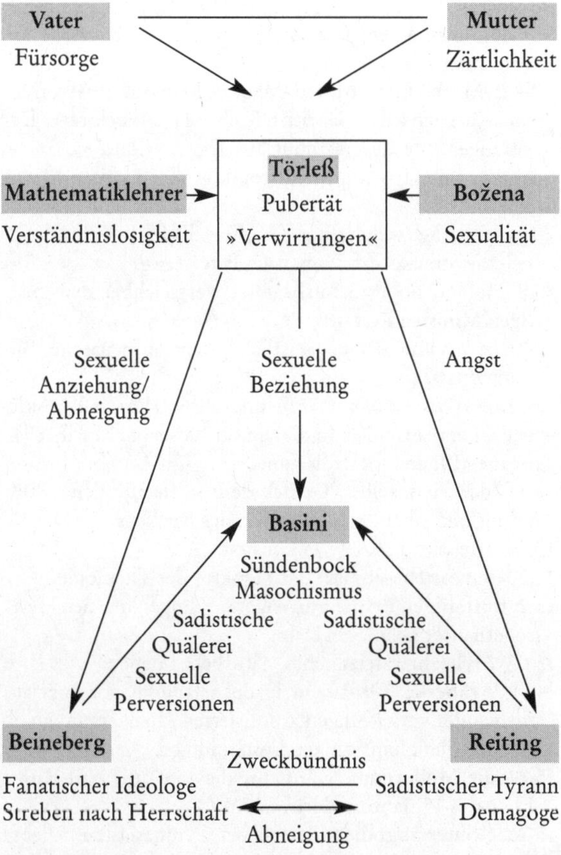

4. Wort- und Sacherläuterungen

3,2 **Zöglings:** einem Institut (Internat) zur Erziehung anvertrauter Jugendlicher.

7,1–12 **Maeterlinck-Motto:** Maurice M. (1862–1949), französisch-belgischer Schriftsteller, 1911 Nobelpreis. Der vorangestellte Text stammt aus *Der Schatz der Armen*, übers. von F. v. Oppeln-Bronikowski, Leipzig ²1902, S. 31.

7,12f. **Strecke, welche nach Rußland führt:** wahrscheinlich die Strecke von Wien nach Petersburg.

8,18 **Hofrat:** hoher Staatsbeamter, vergleichbar dem heutigen Ministerialrat.

8,30f. **Konvikt:** früher geistliche, hier militärische Bildungsanstalt.

9,6 **Konvikte zu W.:** Anspielung auf Mährisch-Weißkirchen, heute Hranice. In diesem Ort besuchte Musil 1894–97 die Militär-Oberrealschule.

11,1f. **der sich selbst Geißelnden:** mittelalterliche Bußübung, eigenhändiges Peitschen des Rückens.

12,24 **affektiert:** geziert, gekünstelt.

12,30 **doctor theologiae:** (lat.) Doktor der Theologie.

13,2 **hoffähiger Prinz:** zur engeren Umgebung des Herrscherhauses gehöriger Prinz.

13,27 **Idylle:** hier: friedliches, natürliches Leben.

14,11 **Arabeske:** Ornament in der islamischen Kunst aus ineinander verschlungenen stilisierten Pflanzenranken.

15,18 **subtilen:** feinsinnigen, spitzfindigen.

15,24 **die Modernen:** Begriff für die Literatur und Kunst Ende des 19. Jahrhunderts.

15,26 **Römertragödien:** damals bei Gymnasiasten beliebte

Form, die eigenen Probleme literarisch im Gewand der klassischen Bildung darzustellen und zu bewältigen.

15,27 **sensitivste Lyrik:** feinnervige, sensible Lyrik.

16,15 **Militärhumoresken:** kurze, humoristische Erzählungen aus dem Militär-Milieu.

17,22 **erborgter Sentiments:** geliehener, unechter Empfindungen und Gefühle.

20,15 **Sturzäckern:** umgepflügten Getreide-Äckern.

21,2 **galantes Abenteuer:** Liebesabenteuer.

23,25 **mit Katzenköpfen gepflastert:** Kopfsteinpflaster.

24,1 **Gaskrone:** Leuchter, in dem Licht durch Gasverbrennung erzeugt wird.

24,17f. **Industriegötzen:** als Massenproduktion hergestellte Götterfiguren.

24,19f. **esoterischen:** geheimnisvollen, nur Eingeweihten zugänglichen.

26,9 **Aberwitz:** Unverstand.
Ekstase: Verzückung.

27,11 **homerischer Wettläufer:** Läufer wie in Homers Epen beschrieben.

35,32f. **Streuhölzer:** runde Holzbalken, die den Belag einer Brücke bilden.

36,23 **Blöße:** Lichtung.

37,19 **klaubte ... auf:** hob auf.

38,2 **Božena:** dt. ›Gottesfrau‹, auch Titelfigur eines Romans der österreichischen Schriftstellerin Marie von Ebner-Eschenbach (1830–1916).

38,28 **Kammerzofe:** Dienstmädchen in herrschaftlichen Häusern.

39,27f. **durch den Lack geguckt:** hinter die Kulissen geblickt, den wahren Sachverhalt erkannt.

43,27 **in die Hoffnung kam:** schwanger wurde.

43,32 f. **Kölnerwasser:** Kölnischwasser, Eau de Cologne, früher auch zum Mundspülen verwendet.

45,24 **perfides:** hinterlistiges.

50,3 **Herrscherpaares:** Kaiser Franz Joseph I. (1848–1916) und Kaiserin Elisabeth.

51,18 **Naturalienkabinett:** Schausammlung von Naturgegenständen für Demonstrationszwecke.

53,32 f. **Kotzen:** Decken aus grober Wolle.

54,31 **verwogenen:** verwegenen.

57,15 **Larvenexistenz:** Jugendstadium der Insekten: Verbildlichung von Törleß' Situation im Internat.

62,22 **Galgenphysiognomie:** hässlich verzerrtes Gesicht.

63,27 **Inkubation:** (med.) Sich-Festsetzen von Krankheitskeimen im Körper.

64,18 **Blasphemie:** verletzende Äußerung über etwas Heiliges oder Verehrenswertes.

66,6 **Schwefelregen:** Schlammregen, im Alten Testament Bestrafung für sündigen Lebenswandel in der Stadt Sodom.

67,14 **Idealismus:** hier: Streben nach Verwirklichung moralischer Grundsätze.

67,25 **Tschibuk:** türkische Tabakspfeife mit langem Rohr und kleinem Kopf.

68,11 **unter Kuratel zu stellen:** unter strenge Kontrolle zu stellen.

73,2 **drakonische Sitten:** sehr strenge Sitten, nach dem griechischen Gesetzgeber Drakon (7. Jh. v. Chr.).

73,31 **Pietätlosigkeit:** mangelnde Ehrfurcht.

79,9 f. **metaphysischen Gedankengängen:** philosophischen Gedanken, die über jede mögliche Erfahrung hinausweisen.

82,19 f. **indifferent:** gleichgültig, teilnahmslos.

103,7 **imaginären Zahlen:** Erweiterung der reellen Zahlen um i mit der Eigenschaft $i^2 = -1$.

103,29 **irrationalen Zahlen:** reellen Zahlen, die nicht durch einen Bruch mit ganzen Zahlen ausgedrückt werden können (z. B. $\sqrt{2}$).

104,34 **Katechet:** katholischer Religionslehrer.

106,8 f. **Konkubinat:** eheähnliches Zusammenleben ohne gesetzliche Eheschließung, hier: enge Verbindung.

106,21 **Knaster:** billiger Tabak.

108,11 f. **transzendenter ... Faktoren:** übersinnlicher, die Grenzen der Erfahrung übersteigender Wirkkräfte.

109,24 f. **Renommierband Kant:** Vorzeigeband aus den Werken des Philosophen Immanuel Kant (1724–1804). Es handelt sich wohl um Kants *Kritik der praktischen Vernunft* (1788).

124,31 **De natura hominum:** (lat.) Über das Wesen des Menschen. Titelbildung nach antikem Vorbild, z. B. *De natura deorum* von Cicero (106–43 v. Chr.).

128,34 **Kinematographen:** erster Apparat zur Aufnahme und Wiedergabe bewegter Filmbilder.

129,17 **glosenden:** glimmenden.

132,19 **Anstand:** Jägersprache: Hochsitz.

142,17 **Ränken:** veraltet für Intrigen.

143,12 **Maitresse:** Geliebte.

143,21 **Borgias:** aus Spanien stammendes römisches Adelsgeschlecht, das vor allem durch die Gewaltherrschaft und das ausschweifende Leben Papst Alexanders VI. (1431–1503) und seiner beiden Kinder berüchtigt ist.

143,21 f. **Timur Chan:** grausamer mongolischer Eroberer (1336–1405), der in Mittelasien ein neues Reich gegründet hat.

146,9 **Traiteur:** (frz.) Delikatessenhändler.

157,17 **Agonie:** Todeskampf.

159,28f. **exzessiver:** ausschweifender.

162,17 **Perversität:** widernatürliche Triebrichtung, krankhafte Abweichung vom »Normalen«.

163,20f. **apportieren:** Herbeibringen von Gegenständen durch einen Hund.

176,6 **Pedanterie:** übertriebene Genauigkeit.

192,13 **Manie:** Besessenheit, Leidenschaft, krankhaft übersteigerte Liebhaberei.

196,33 **Rezeptivität und Spontaneität des Denkens:** Denken, empfänglich für Sinneseindrücke und ohne äußeren Antrieb.

196,33f. **sekundierte:** pflichtete bei.

197,22 **Hysteriker:** Mensch mit einer aus starken Gemütsbewegungen entstehenden psychischen Verhaltensweise.

5. Interpretation

Törleß' Entwicklung

Heimweh und Einsamkeit

Der junge Törleß ist mit frühreifer Intelligenz begabt, aber charakterlich noch nicht gefestigt. Zu Beginn des Geschehens ist er schon vier Jahre in dem berühmten Konvikt, in dem ihn seine Eltern auf seinen eigenen Wunsch hin untergebracht haben, und etwa sechzehn Jahre alt. Seine Eltern lieben ihn sehr. Die Mutter leidet darunter, ihren Sohn »unter fremden Leuten lassen zu müssen, ohne Möglichkeit, selbst schützend über ihren Liebling zu wachen« (8).

Er ist noch stark von seinen Eltern abhängig und versucht mit dem schmerzhaften Gefühl des Heimwehs fertig zu werden, indem er Briefe an sie schreibt. So will er aus der ihm eintönig erscheinenden Wirklichkeit fliehen, mit der er noch nicht zurechtkommt.

Abhängigkeit von den Eltern

Der Erzähler relativiert allerdings Törleß' Heimweh-Gefühl und teilt mit, dass sein Schmerz allmählich zum Selbstzweck wird und sich vom Bild der Eltern löst. Anfangs genießt er diesen gegenstandslosen Schmerz, aber nach dem Verebben dieses »Heimwehs« kommt statt der »erwarteten Zufriedenheit« (11) nur neue Leere. Er erkennt, dass ihm »etwas Positives, eine seelische Kraft« (11) abhanden gekommen ist, die er als »Heimweh« kultiviert hatte. Er fühlt sich »verarmt und kahl« (11). Der Erzähler weist darauf hin, dass dies der »erste, missglückte Versuch« von Törleß gewesen sei, »die Kräfte des Inneren zu entfalten« (12).

Freundschaft mit dem Prinzen

Gleich zu Beginn des Geschehens wird in einer Rückblende von Törleß' Freundschaft mit einem sensiblen Prinzen berichtet, die der Erzähler als »charakteristisch« (12) für Törleß' spätere Entwicklung bezeichnet.

Diese Freundschaft ist für Törleß zuerst »Quelle eines feinen psychologischen Genusses« (13). Aber dann kommt es zum Bruch. Törleß ist nicht fähig, die Religiosität seines Freundes zu verstehen. Er »überschüttete« den Prinzen »mit dem Spotte des Vernünftigen« (14). Die eine Seite seines Wesens, seine Rationalität, der »hölzerne Zollstab des Verstandes« (14), zerstört diese besondere Beziehung.

Innere Leere

Die andere Seite von Törleß' Charakter, die der Prinz mit seinem geistigen Hintergrund und seiner religiösen Bindung verkörpert, ist noch nicht ausgebildet. Törleß zerstört den Bereich, der ihm fehlt. Zurück bleibt ein Gefühl der Leere und der Langeweile, das auch die Beschäftigung mit der Literatur und eigene literarische Versuche nicht verdrängen können. Er bedauert den Verlust von etwas Wertvollem, das er allerdings noch nicht begreift.

Törleß' Gefühl der Leere und Langeweile zeigt sich deutlich in der Abschiedsszene auf dem Bahnhof. Der Abschied von den Eltern lähmt ihn. Das Leben im Institut bringt keine Abwechslung, es ist ihm »völlig gleichgültig« (18) und lässt ihn innerlich »leer« bleiben (30). Er beklagt das »ewige Warten auf etwas, von dem man nichts anderes weiß, als daß man darauf wartet … Das ist so langweilig« (31).

Beineberg gegenüber begründet er das »Gefühl des Allein- und Verlassenseins« (32) und der »Einsamkeit« (33), das ihn überkommt, mit einem Kindheitserlebnis: Als er einmal im Walde spielte und das Dienstmädchen sich entfernt hatte, fühlte er sich »verlassen von den Großen« (31).

Seine Einsamkeit erscheint Törleß als Verkörperung einer gesichtslosen Frau. Diese »Herrin [...] der schwarzen Scharen« hat für ihn den »Reiz eines Weibes und einer Unmenschlichkeit« (33). Sie erscheint ihm als Verführerin wie auch als Frau, von der Bedrohung für ihn ausgeht. In diesen Gefühlen bereitet sich sein sinnliches Begehren vor.

Die Entfremdung vom Elternhaus und damit der Verlust der familiären Geborgenheit ist kennzeichnend für seine Entwicklungsphase, die Pubertät. Dem vernünftigen Antwortbrief seiner Eltern nach seinen Informationen über Basinis Diebstahl scheint etwas Wesentliches zu fehlen, wie er meint, und er fühlt sich von ihnen nicht verstanden.

Entfremdung von den Eltern

Aber auch seine Klassenkameraden verstehen ihn seiner Meinung nach nicht, von den Lehrern ganz zu schweigen. Mit Beineberg spricht er zwar bei verschiedenen Gelegenheiten ausführlich, so z. B. in der Konditorei oder über sein Problem mit den imaginären Zahlen, aber er nimmt keinen Anteil an dessen Gedanken. Beinebergs indische Pseudo-Philosophie geht »an ihm vorbei« (26).

Entdeckung der Sinnlichkeit

Mit der beginnenden Pubertät schließt sich Törleß aus »Angst vor allzu subtilen Empfindeleien« seinen Mitschülern Beineberg und Reiting an, deren Wesen ihm als »gesund, kernig und lebensecht« vorkommt (15). Den Grund für diese verhängnisvolle Gesellschaft sieht der Erzähler in

Törleß' »Unselbständigkeit« (15). Sie sind älter und in ihrer Entwicklung weiter als er, vor allem aber verkörpern sie Verhaltensweisen, die ihm fehlen. Auf dem Heimweg vom Bahnhof scherzen sie z. B. mit den Frauen, während er sich nicht beteiligt.

Phantasie und Sinnlichkeit

Törleß' Vorstellungswelt wird immer mehr von Phantasien und Vorstellungen beherrscht, die er bisher nicht kannte. Seine Auseinandersetzung mit der Welt des Sinnlichen beginnt. Der Erzähler weist darauf hin, dass es sich bei ihm um eine mächtigere und tiefere Art der »sinnlichen Veranlagung« als bei seinen Klassenkameraden handele (22). Sinnlichkeit bedeutet für ihn nicht nur Triebhaftigkeit und Sexualität, sondern auch Phantasie, Empfänglichkeit für äußere Eindrücke, eine neue Art, die Wirklichkeit zu sehen und zu erleben, die letztlich seine »Verwirrungen« bedingt. Im Verlauf des Geschehens erkennt er, dass diese Sinnlichkeit zu seiner Persönlichkeit gehört und sie aufwertet.

Besuch bei Božena

Zusammen mit Beineberg besucht Törleß die Dirne Božena. Diese Besuche waren »zu seiner einzigen und geheimen Freude geworden« (40). Ein komplexes Gefüge von Gründen treibt ihn zu ihr: Anpassung an seine Kameraden, der Wunsch, seiner Einsamkeit zu entfliehen, das Verlangen nach Abenteuer, Abwechslung, Verbotenem, vor allem aber die erwachende Sexualität.

Božena ist für ihn »ein Knäuel aller geschlechtlichen Begehrlichkeiten« (45) und bringt seine Sexualität zur Entfaltung. Sie zieht ihn an, weil sie als ein »Geschöpf von ungeheurer Niedrigkeit« (41) eine faszinierende Welt verkörpert, die er nicht kennt. In ihrem Zimmer empfindet

er die ungeheure Distanz zu der gepflegten bürgerlichen Welt der Eltern, die er verlassen hat.
Der Aufenthalt bei ihr ist für ihn zu seiner »einzigen und geheimen Freude geworden« (49). Einerseits ist sie die Kontrastfigur zu seiner Mutter, andererseits füllt sie in Törleß' sinnlicher Entwicklung die nach dem Verlust der Mutter entstandene Einsamkeit aus. Der verbotene und verruchte Bereich, den die sozial verachtete Frau verkörpert, bildet für ihn den notwendigen emotionalen und psychischen Gegenpol zur ordnungsgemäßen Schulausbildung.

Die beiden Welten

In diesem Zusammenhang macht Törleß eine neue Erfahrung: Nach anzüglichen Bemerkungen Boženas über das Verhalten der Frauen aus der gehobenen Gesellschaftsschicht rückt sie für ihn zu seinem Entsetzen in die Nähe seiner Mutter, die bis jetzt für ihn »ein Geschöpf [...] jenseits alles Begehrens« (45) war. Törleß ahnt, dass auch seine Mutter etwas mit der niederen Sinnlichkeit zu tun haben könne, die die Hure für ihn verkörpert. Er gerät in einen Zwiespalt: Er »sättigte« sich »mit den Augen an Božena«, konnte aber »dabei seiner Mutter nicht vergessen« (45). Vergeblich wehrt er sich gegen diesen vorgestellten »Zusammenhang« (45), aber er erinnert sich jetzt an ein »eigentümliches Lachen seiner Mutter« (47) bei nächtlichen Spaziergängen seiner Eltern. Törleß fühlt sich »gewissermaßen zwischen zwei Welten zerrissen: Einer solid bürgerlichen, in der schließlich alles geregelt und vernünftig zuging [...],

Božena und die Mutter

Zerrissenheit

und einer abenteuerlichen, voll Dunkelheit, Geheimnis, Blut und ungeahnter Überraschungen« (57).

Die Existenz dieser anderen, fremden Welt kommt ihm erst vollends durch Basinis Diebstahl zu Bewusstsein. Er wird aus seinen bisherigen »Träumereien« herausgerissen und erkennt entsetzt: »eine plötzliche Veränderung, und der Mensch hat gewechselt ...« (64).

Er verknüpft Basini in seinen Vorstellungen mit Božena. Beide sind für ihn Träger des gleichen Grunderlebnisses, nämlich der Erfahrung, dass es zwischen den von ihm bisher als getrennt erlebten Welten, der hellen, behüteten Welt des Elternhauses einerseits und der fremden, bedrohlichen, aber doch faszinierenden Welt andererseits, eine Verbindung gibt.

Übergänge

Die bisher sorgsam aufgerichtete Grenzmauer zwischen den beiden Welten stürzt für Törleß in sich zusammen, was ihn verwirrt. Er erkennt, dass es Übergänge gibt, dass die Grenzen dieser Welten »jeden Augenblick überschreitbar aneinanderstoßen« (65). Sie erweisen sich also nicht als scharf getrennte Bereiche, sondern als Möglichkeiten menschlichen Existierens, die in jedem angelegt sind.

Noch ist er nicht im Stande, diese Verbindung herzustellen und Sinnlichkeit als Bestandteil seines Ichs und als Teil des Lebens seiner Eltern zu akzeptieren. Dies geschieht erst am Ende seiner Entwicklung.

Sexualität

Sexualität ist ein wichtiges Beispiel für die von Törleß zu diesem Zeitpunkt noch unbegreifliche Aufspaltung in einen hellen und einen dunklen, geheimnisvollen menschlichen Bereich. Es wäre jedoch kaum zu der homosexuellen Beziehung zu Basini gekommen, wenn er sich nicht in einer sinnlichen und intellektuellen Krise befunden hätte.

Sexueller Objektwechsel

Božena war Törleß mittlerweile »gleichgültig geworden« (86). Während sich sein sexuelles Begehren schon diffus auf Basini richtet, durchlebt er jedoch noch eine Zwischenphase. Er gerät durch die sexuell aufgeladene Atmosphäre bei einer Misshandlung Basinis in der Roten Kammer »in einen Zustand geschlechtlicher Erregung« (99). Die angedeutete Masturbationsszene macht deutlich, dass Törleß' Begehren jetzt auf sich selbst gerichtet ist. Es erfährt wieder einen Objektwechsel: Von der Mutter wurde es über eine Phase der Einsamkeit auf Božena gelenkt, jetzt auf ihn selbst und schließlich auf Basini. Dass dieser die Stelle der Frau einnimmt, wird auch daran deutlich, dass Törleß ihn als »Magd« (66) und nicht etwa als Knecht bezeichnet.

Dass es sich um Homosexualität handelt, ist für Musil allein durch den Schauplatz des Geschehens, ein Jungeninternat, bedingt. Es geht ihm jedoch nicht um diese spezifische, sondern um die allgemeine Form der Sexualität. Deshalb schreibt er: »Statt Basini könnte ein Weib stehen [...].«[4]

Sexualität und Ästhetik

Musil verbindet das sexuelle Motiv mit dem ästhetischen. Nach der sexuellen Begegnung meint der Erzähler: »Vorerst war es überhaupt nur die Nacktheit des schlanken Knabenkörpers gewesen, die ihn geblendet hatte« (155). Basinis Schönheit vergleicht er mit »den nur schönen, von allem Geschlechtlichen noch fernen Formen eines jungen Mädchens« (155). Törleß kann sich »der Macht dieser Schönheit nicht entziehen«, die auf den »Wegen der Sinnlichkeit« zu ihm gekommen war (140). Sexuelles Verlangen und ästhetisches Erleben fallen zusammen.

Törleß verliert sich vorübergehend in dieser Welt der neuentdeckten Sinnlichkeit. Sie reicht von der Bewunderung der Schönheit Basinis bis zu Ich-Verlorenheit und »wilder, verachtender Ausschweifung« (158). Sie reißt ihm »mit einem Schlage ein Tor zum Leben auf« (156). Alle diese Phantasien, Empfindungen, Wünsche und Wirklichkeiten lassen sich von ihm nicht mehr unterscheiden. Für ihn ist alles »in einem einzigen [...] Gefühl vereint, das er in der ersten Überraschung wohl für Liebe nehmen mochte« (156).

Entfernung von Basini

Aber er entfernt sich innerlich von Basini und meidet ihn. Er erkennt, dass er »nicht mehr als ein stellvertretendes und vorläufiges Ziel« (155) seines Verlangens war. Sein »früheres Begehren« (156) »wuchs zu einem neuen, ziellosen Hunger über Basini hinaus« (155). »Musil lässt offen, ob diese Entwicklung auf einen festen und endgültigen Punkt zuläuft. Für ihn ist nicht das Endziel wichtig, sondern die psychische Entwicklung, die der junge Törleß in dieser Zeit erfährt.«[5]

Erst später erkennt Törleß, dass Sinnlichkeit nur ein weiterer Versuch war, sein Ziel der Integration der beiden Welten zu erreichen. Er hoffte, wie der Erzähler urteilt, »auf außerordentliche, verborgene Entdeckungen« und »war dabei in die engen, winkligen Gemächer der Sinnlichkeit gelangt«, und zwar »nicht aus Perversion, sondern infolge einer augenblicklich ziellosen Situation« (162). Am Ende sieht er ein, dass sein Problem der Aufspaltung der Welt jedoch schon »vor der Leidenschaft dagewesen« und »von ihr nur überwuchert worden war« (198). In einem quälenden Gespräch mit Basini erkennt

Törleß, dass nicht die Realität zwei Gesichter hat, sondern dass er zwei Möglichkeiten hat, diese wahrzunehmen (140 ff., s. u. S. 49).

Ethik und Ästhetik

Basini spielt eine bestimmte Rolle in Törleß' Entwicklung. Durch ihn lernt er die Welt der Sinnlichkeit, Leidenschaft und Schönheit kennen, die er in seine Person integriert. Er gewinnt allmählich »eine ästhetische Einstellung gegenüber dem Leben und der Wirklichkeit«[6]. Seine Reaktion auf die Basini zugefügten Quälereien wird durch Faszination und Ekel motiviert. Einerseits beteiligt er sich verbal an der Quälerei, wenn er Basini einmal zwingt, sich als »diebisches, schweinisches Tier« (102) zu bezeichnen. Aber nachdem er mit ihm ein sexuelles Verhältnis hat, stellt er sich nicht gegen den Terror seiner Kameraden, sondern verhält sich passiv, bleibt in der Rolle eines unbeteiligten Beobachters, der das interessante Experiment verfolgt, wozu Menschen fähig sind.

Andererseits widert ihn die Prügelszene nach Beinebergs gescheitertem Hypnose-Experiment mit Basini an (vgl. 174). Er bringt sich selbst in Gefahr, als er seinen Kameraden ins Gesicht sagt, sie seien »stumpfsinnige, widerwärtige, tierische Narren« (179), deren Gemeinheit »ohne Sinn« sei (181), und er wolle sich an der weiteren »gedankenlosen, öden, ekelhaften Quälerei« (179) nicht weiter beteiligen. Er lehnt das Tun seiner Kameraden also nicht aus moralischen Gründen ab, sondern aus ästhetischen, aber auch wegen des fehlenden Erkenntnisgewinnes. Ihr Verhalten trägt nichts mehr zu seiner Selbstfindung bei.

Törleß versteht sein Verhältnis zu Basini ausschließlich unter diesem Aspekt. Er braucht ihn nicht mehr. Deshalb weist er ihn, der ihn in seiner Todesangst um Hilfe anfleht und sich dabei auf ihre Beziehung beruft, mit grausamer Kälte zurück. Er ist »ein anderer« (175) und weiß nichts anderes vorzubringen, als dass er in Basinis Gesellschaft nicht mehr das Geringste fühlen könne. Der Erzähler stellt nüchtern fest: »In ihm war weder der Wunsch, Basini zu helfen, noch genügend Empörung, um ihn von sich zu stoßen« (175). Hier tritt »ein Grundzug elitärer Unmenschlichkeit hervor«[7].

Ablehnung Basinis

Sprachkrise und Motto

Die Božena-Episode endet damit, dass Törleß unfähig ist, ein Wort zu sagen. Er »brachte keinen Laut heraus« (49), als sie ihn berührt und zu einem Kuss nötigt. Ihr Begehren macht ihn sprachlos.

Dieses Problem, Empfindungen und Erkenntnisse adäquat auszudrücken, ist bei seinem Gespräch mit dem Mathematiklehrer ebenfalls festzustellen. Törleß hat das Gefühl, »daß sich die Worte immer weiter und weiter entfernten« (109). Auch seine anderen Mitteilungsversuche scheitern mehr oder weniger. Das Problem schwächt sich erst am Schluss ab, bei seinem Verhör durch die Lehrer. Aber seine Krisenerfahrungen in Bezug auf Sexualität, Erkenntnis und Sprache kann er auch dann noch nicht so präzise formulieren, wie er es sich wünscht.

Besonders deutlich wird Törleß' Problem der Sprachnot bei drei ihn verwirrenden Erfahrungen, dem Erlebnis im

Park, seinen gescheiterten Schreibversuchen und seinen Äußerungen vor den Lehrern.

Als Törleß sich im Park des Instituts niederlegt und den Himmel anschaut, bemerkt er, »wie hoch« dieser ist (87). Damit offenbart sich ihm gefühlsmäßig das verstandesmäßig unerklärliche Wesen des Unendlichen als eine neue bedrohliche Erfahrungswirklichkeit.

Parkerlebnis

Den Sinn dieses Erlebnisses der Unendlichkeit kann er nicht in Worte fassen. Er will die Bilder, die Erinnerungen an den »kleinen Fürsten« (91) und die Kindheitserinnerungen, die ihn in dieser Situation ergreifen, sprachlich fixieren, doch es gelingt ihm nicht: »die Worte sagten nichts, oder vielmehr sie sagten etwas ganz anderes« (88). Die gegenwärtige und die vergangene Wirklichkeit werden ihm fremd und bedrohlich, und zwar durch die Unmöglichkeit, sie sprachlich exakt wiederzugeben.

Der Erzähler stellt fest: »Es war ein Versagen der Worte, das ihn da quälte, ein halbes Bewußtsein, daß die Worte nur zufällige Ausflüchte für das Empfundene waren« (92). Törleß leidet unter dieser Sprachnot derart, dass er das Bedürfnis hat, »rastlos nach einer Brücke, einem Zusammenhang, einem Vergleich zu suchen – zwischen sich und dem, was wortlos vor seinem Geiste stand« (92). Er erfährt diese Sprachlosigkeit verwirrt und resigniert. In diesem Erlebnis der Unendlichkeit des Himmels wird gleichnishaft die erkenntnistheoretische Problematik des Romans mit der sprachtheoretischen und -kritischen verknüpft.

Versagen der Worte

Nach der gescheiterten Kant-Lektüre will Törleß einen neuen Anfang machen. Er verbrennt seine poetischen Ver-

Schreibversuche

suche, weil er sie als ungenügend empfindet. Stattdessen beginnt er seine philosophischen Gedanken unter dem Titel *De natura hominum* (124) aufzuschreiben, um über sich selbst Klarheit zu gewinnen. Was er jedoch »in hypnotischer Stimmung« (125) zu Papier bringt, zeigt sein Unvermögen, das innerlich Erlebte in Worte zu fassen: »die geschriebenen Worte blieben tot« (131).

Der Erzähler verdeutlicht diese Situation mit einem Vergleich, der dies wie das dem Roman vorangestellte Motto verbildlicht: Es sei Törleß »wie einem Fischer« ergangen, »der zwar am Zucken des Netzes fühlt, daß ihm eine schwere Beute ins Netz gegangen ist, aber trotz aller Anstrengungen nicht vermag, sie ans Licht zu heben« (125).

Überwindung der Sprachnot

Törleß leidet an der Unzugänglichkeit seiner inneren Geheimnisse, seines sinnlichen Erlebens bis zu dem »Augenblicke beinahe dichterischer Inspiration« (196), als es ihm gelingt, den Lehrern sein Problem wenigstens ansatzweise darzustellen, auch wenn sie dafür kein Verständnis zeigen. Zuerst hat er Angst, sich nicht verständlich machen zu können. Dies scheint auch der Grund für seine Flucht aus dem Internat zu sein. Doch diese Scheu verliert sich schnell. Ihm gelingt die Mitteilung zwar nicht durch rationale, sachbezogene Rede, sondern bildhaft, durch »Worte und Gleichnisse«, die allerdings »weit über Törleß' Alter hinausgingen« (196), wie der Erzähler feststellt.

Jetzt überwindet Törleß weitgehend seine Sprachnot. Das ist ein Zeichen seiner abgeschlossenen Entwicklungsphase. Törleß hat sich damit abgefunden, dass die rationale Sprache nicht fähig ist, Erscheinungen, Erlebnisse und Gedanken mit angemessenen Begriffen wiederzugeben.

Das dem Roman vorangestellte Zitat des belgischen Dichters Maurice Maeterlinck (1862–1949) verdeutlicht diese skeptische Grundhaltung Musils der Sprache gegenüber. Das Motto bezieht sich sowohl auf Törleß, der Erfahrungen macht, die er nicht ausdrücken kann, als auch auf den Erzähler, der diese sprachlosen Erfahrungen darstellen muss. Nach diesen Worten verhalten sich Sprache und Realität zueinander wie das Bruchstück zum Ganzen oder wie die Imitation, »falsche Steine und Glasscherben«, zum Original, der »Schatzgrube wunderbarer Schätze« (7).

Motto

Diese Bilder stehen metaphorisch für den Versuch, die Tiefen der Seele auszuloten, ihre Reichtümer sprachlich zu bergen und an die Oberfläche zu bringen, sie also dem Zugriff des Bewusstseins auszusetzen. Wenn auch dieser sprachlich-rationale Zugriff misslingt, so »schimmert der Schatz im Finstern unverändert« (7) weiter. Nur eine dichterisch-intuitive Erkenntnishaltung kann zum Ziel führen.

Die Problematisierung der Sprache als Medium der Erkenntnis ist eine dichterische Erfahrung der damaligen Zeit. Hugo von Hofmannsthal (1874–1929) thematisiert dies in seinem berühmten Brief des Lord Chandos. Er beschreibt darin, dass das sprachliche Vermögen des Dichters seiner Meinung nach nicht mehr ausreicht, die Wirklichkeitserfahrungen seiner Zeit adäquat zu formulieren.

Hofmannsthal, Chandos-Brief

Die imaginären Zahlen und Kant

In den Zusammenhang mit dem Erlebnis des Unendlichen gehört Törleß' Problem mit den imaginären Zahlen. Hier tritt ihm sogar in der exakten Wissenschaft der Mathematik ein scheinbar irrationales, nicht zu diesem Bereich passendes Element entgegen, das deshalb in ihm Verwirrungen hervorruft. Ihm ist völlig unverständlich, »daß man mit solchen imaginären oder sonst wie unmöglichen Werten ganz wirklich rechnen kann und zum Schlusse ein greifbares Resultat vorhanden ist« (104).

Die Mathematik verkörperte für ihn bisher logische Operationen in einer überschaubaren Welt. In dieser Harmonie zeichnet sich nun ein Bruch ab, der durch das Phänomen dieser Art Zahlen bedingt ist. Er sucht die Besonderheit der »Brücke«, die eine Kluft in der greifbaren Realität, zwischen den »soliden Zahlen« (104) am Anfang und am Schluss einer Rechnung, überwindet. Dieser Weg über die Unsicherheit zur Sicherheit hat für ihn »etwas Schwindliges; als ob es ein Stück des Weges weiß Gott wohin ginge« (104).

Lücke in der Mathematik

Törleß findet für sein Problem weder Verständnis bei Beineberg noch bei seinem biederen Mathematiklehrer. Dieser begegnet Törleß mit dem schlichten Hinweis auf »rein mathematische Denknotwendigkeiten« (108). Er nimmt die erzieherische Chance nicht wahr, das Mathematikproblem mit Törleß' Pubertäts- und Erkenntniskrise in Zusammenhang zu bringen und damit zu deren Überwindung beizutragen.

Der Mathematiklehrer

Törleß bereits erschüttertes Vertrauen in die verstandesmäßige Analyse seiner Erfahrungen wird dadurch weiter beeinträchtigt. Er spürt, dass Definitionen Gefühle nicht ausdrücken können. Trotzdem kommt dieser Lehrer am Ende, nach Törleß' Vortrag, der inneren Problematik noch am nächsten, wenn er vermutet, seine Verwirrung rühre vielleicht daher, dass er »zu großes Augenmerk auf den subjektiven Faktor aller unserer Erlebnisse gelegt hat« (197).

Am Beispiel dieser mathematischen Schwierigkeit erkennt Törleß, dass auch die rationalste der Wissenschaften, die Mathematik, anscheinend nicht frei ist von irrationalen Elementen und dass sich weder die Außen- noch die Innenwelt restlos durch Vernunft erfassen lassen. Er findet eine verstandesmäßige Bestätigung für seine Annahme einer doppelten Welt, einer klar geordneten und einer dahinter liegenden unverständlichen.

Um die ergebnislose Diskussion mit Törleß abzuschließen, verweist ihn der Lehrer auf Kant (109), mit der Bemerkung, in dessen philosophischem Werk fänden sich die gleichen »Denknotwendigkeiten« wie in der Mathematik.

Hinweis auf Kant

Die Wirkung auf Törleß ist enorm. Das bisher »schiefe Verhältnis zu Philosophie und Literatur« scheint »in eine neue Phase getreten zu sein« (111). Er versucht Kant zu lesen, aber er versteht ihn nicht. Der auf logischem Denken und Annahmen beruhende Bereich der Realität bleibt ihm noch unverständlich. Dieser Versuch, Gewissheit zu gewinnen, scheitert.

Törleß träumt sogar von Kant. In diesem Traum wird der Zusammenhang von Vernunft und Sinnlichkeit veranschaulicht. Der Erzähler vergleicht den Traum mit einer »seidenen Decke, die über die Haut eines nackten Körpers hinuntergleitet« (121). Das bedeutet: »Das Verschwinden der Vernunft entkleidet den Körper seines Schutzes, [...] unter der Vernunft liegt das Begehren.«[8]

Wieder steht Törleß vor zwiespältigen Empfindungen. Zu Beineberg sagt er, in seinem Kopfe sei »vordem alles so klar und

Zwiespältige Empfindungen

deutlich geordnet« gewesen, jetzt aber erschienen ihm seine »Gedanken wie Wolken« (115). Er erinnert sich an sein mathematisches Problem mit den Lücken zwischen den rationalen Eckpunkten und denkt an die »unendliche, unbestimmbare Welt« (115). Aber er will diese Empfindungen des Unsicheren noch deutlich von denen trennen, die mit Basini zusammenhängen, und antwortet Beineberg, der ihn darauf hinweist, grob: »Basini und dies sind für mich zweierlei« (117). Noch sieht er keinen Zusammenhang zwischen der geistigen und der sinnlichen Welt.

Exklusivität und Selbstfindung

Törleß hat während des gesamten Geschehens das Gefühl, auf Grund seiner Sensibilität, der »außerordentlichen Empfindlichkeit« (125) seines Wesens, etwas Besonderes zu sein und Welt und Menschen in einmaliger Weise zu sehen. So fühlt er schon früh beim Schreiben »etwas Auszeichnendes, Exklusives in sich« (9). Später empfindet er »eine Lust, in die Gebilde dieser Finsternis hineinzustarren, welche die anderen nicht bemerkten« (69). Während der Quälerei Basinis meint er, dass er diese »Ereignisse mit einem Sinne mehr in sich aufnahm als seine Gefährten« (100).

Besondere Persönlichkeit

Darüber hinaus glaubt er Empfindungen, Gedanken und Probleme zu haben und unter ihnen zu leiden, die andere nicht kennen. Andererseits stellt er fest, dass ihn »Dinge befremden, die den anderen alltäglich erscheinen« (125). Deshalb fragt er sich, ob er »ein Seher oder ein Halluzinierter« sei (126). Nach dem Parkerlebnis will er unbedingt den

Dingen auf den Grund kommen. Es »kam wie eine Tollheit« über ihn, »Dinge, Vorgänge und Menschen als etwas Doppelsinniges zu empfinden« (90).

Auf die besondere Art seiner Sinnlichkeit ist er stolz. In ihr meint er etwas zu haben, »das ihn wie eine höchste, versteckte Mauer gegen alle fremde Klugheit schützte« (123). Er ahnt, dass er wegen seiner besonderen »Empfindung, die für die anderen unverständlich war, für sein Leben aber offenbar große Wichtigkeit haben mußte« (101), einsam bleiben wird. Erkenntnis ist nach Ansicht des Autors offenbar »nur aufgrund einer Isolierung von der Gesellschaft zu erlangen«[9].

Stolz

Törleß muss seine »Verwirrungen« erkenntnistheoretischer, emotionaler, sinnlich-sexueller, ästhetischer und sprachlicher Art überwinden, um sich selbst zu finden. Der Erzähler stellt fest, dass er »im Laufe der wenigen Wochen weit fester und energischer geworden« war (169).

Rollenfindung

Bei seinem Verhör vor den Lehrern hat er seine Sprachnot weitgehend überwunden. Ihn quälen keine Schuldgefühle seinem ehemaligen erotischen Partner und Studienobjekt Basini gegenüber. Deshalb kann er das Ergebnis seiner Entwicklung und seine Krisenerfahrungen in Bezug auf Sexualität, Erkenntnis und Sprache in ausgeprägter Rhetorik vortragen (vgl. 192).

Rede vor den Lehrern

Törleß hat die beiden Welten in seinem Bewusstsein integriert und ihren Dualismus überwunden. Er weiß jetzt, dass nicht die Realität zwei Gesichter hat, sondern dass er zwei Möglichkeiten hat, die Dinge anzuschauen: »die

Überwindung des Dualismus

Dinge sind die Dinge und werden es wohl immer bleiben; und ich werde sie wohl immer bald so, bald so ansehen. Bald mit den Augen des Verstandes, bald mit den anderen …« (196). Er erkennt, dass es allein »wechselnde seelische Perspektive« (198) ist, die die Welt fragwürdig erscheinen lässt.

Identitätsfindung

Seiner Mutter fällt, als sie ihn abholt, seine »kühle Gelassenheit« auf (199), obwohl die Lehrer vorher eine »hochgradige Überreizung« (197) festgestellt hatten. Beim Anblick des Waldes mit Boženas Haus erinnert er sich an seine frühere Haltung der Sexualität gegenüber. Er hat diesen Bereich in seine Identität voll integriert und kann nun auch seine Mutter als Frau, als sexuelles Wesen sehen: »[…] er prüfte den leise parfümierten Geruch, der aus der Taille seiner Mutter aufstieg« (200).

Törleß ist zu einer stark ichbezogenen, selbstbewussten, ästhetisch orientierten Persönlichkeit gereift. Er hat seine »Verwirrungen« verschiedener Art überwunden und das Problem der gespaltenen Welt für sich gelöst. Seine neue Erkenntnishaltung und sein Exklusivitätsbewusstsein sind der Grund dafür, dass er sich im Institut »nicht mehr auf seinem Platze fühlte« (197) und seine Eltern bittet, ihn abzumelden. Er fühlt sich nicht mehr seinen Kameraden verbunden und beginnt »schon ihre Namen zu vergessen« (198). Auch der Ort der sadistischen Handlungen, die Rote Kammer, wird von ihm nicht mehr besucht. Dieses Experimentierfeld hat ausgedient.

Gesellschaftskritik

Musils Roman stellt nicht nur Törleß' individuelle Irritationen und Konflikte dar, sondern er enthält deutliche gesellschaftskritische Aspekte. Sie beziehen sich hauptsächlich auf die autoritäre Erziehung und ihre Folgen, wie sie das »Konvikt zu W.« widerspiegelt, eine Art Gesellschaft im Kleinen mit einer gut entwickelten Führungsclique.

In diesem Elite-Institut erhalten die Söhne der Führungsschichten des Landes ihre Ausbildung. Aufgenommen zu werden bedeutet Garantie für gesellschaftliche oder militärische Führungspositionen. Bildungsziel ist die Reproduktion der gesellschaftlichen Normen. Im Mittelpunkt steht deshalb die Einübung der jungen Menschen auf soldatische und militärische Tugenden, ihre Fixierung auf Autoritätsgläubigkeit, Gehorsam und Pflichterfüllung. Die Lehrer sind in solchen Anstalten oft aktive oder gediente Offiziere. Ihre pädagogische Eignung spielt eine untergeordnete Rolle.

Bildungsziel

Die meist adlige Herkunft der jungen Menschen spiegelt die Hierarchie in der Führungselite der österreichisch-ungarischen Monarchie wider. Im Roman steht an der Spitze der »junge Fürst H. [...] aus einem der einflußreichsten, ältesten und konservativsten Adelsgeschlechter des Reiches« (12). Beineberg ist Baron, gehört also zum mittleren Adel. Reiting macht Andeutungen, sein Vater sei möglicherweise »sehr hohen Geschlechtes« (55) gewesen. Törleß' Vater ist als Hofrat, also als höherer Beamter, Teil des Großbürgertums. Basini ist zwar ebenfalls vornehmer Herkunft, gehört

Herkunft

jedoch wegen seiner wirtschaftlichen Probleme in den unteren Bereich dieser Hierarchie.

Sie wird durch die gemeinsame Erziehung nicht völlig eingeebnet. Die Söhne der oberen und die der unteren Gruppe haben offensichtlich Schwierigkeiten. So scheidet der Prinz, »der sich im Konvikte nicht wohl befunden hatte« (14), nach einiger Zeit wieder aus, und Basini wird wegen der Intrigen seiner Peiniger aus dem Internat entfernt.

Tabuisierung der Sexualität

Die »kleine Stadt«, in der sich die Anstalt befindet, liegt »weitab von der Residenz«, weil man die Jugendlichen »vor den verderblichen Einflüssen einer Großstadt« (8) bewahren will. Doch gerade diese Abgeschlossenheit begünstigt negative Entwicklungen. Dazu gehören eine repressiv-autoritäre Erziehung sowie die Nivellierung und Unterdrückung individuellen Denkens und Empfindens.
Vor allem der Bereich der Sexualität gehört dazu. Er wird von der Gesellschaft tabuisiert. Die Zöglinge werden von ihren Erziehern mit ihren pubertären Problemen alleine gelassen. Die Gesellschaft gibt den jungen Menschen keine Verhaltenshilfen in diesem Bereich, sondern reagiert mit Triebkontrolle und Triebunterdrückung. Der Erzähler sieht klar die Folgen: »Dort, wo die jungen aufdrängenden Kräfte hinter grauen Mauern festgehalten wurden, stauen sie die Phantasie voll wahllos wollüstiger Bilder, die manchem die Besinnung rauben« (161).

Folgen der Tabuisierung

Folgen dieser Triebunterdrückung sind aber nicht nur solche Bilder. Einmal führt sie zu einer Spaltung des Frauenbildes. Törleß sieht anfangs seine Mutter als ein völlig anderes Wesen an als Božena. Diese wird als käufliche Sache behandelt und aus der Gesellschaft ausgegrenzt, was ihre entlegene Wohnung verdeutlicht. Erst am Ende des Geschehens gelingt Törleß die Integration der beiden Bereiche und damit die Klärung seiner sinnlichen »Verwirrungen«.

Ersatzhandlungen

Triebunterdrückung führt auch zu Ersatzhandlungen. Dazu gehört das Aggressionspotenzial in Reiting und Beineberg. Sie übertragen die an sich selbst erfahrenen Erziehungsprinzipien auf Schwächere, d. h., sie verhalten sich als Stärkere den Schwächeren gegenüber so, wie sie als Schwächere von der Gesellschaft bzw. von deren Institution Schule behandelt werden. Daraus resultiert die sadistisch pervertierte Quälerei Basinis.

Basini wird nicht mehr als Mensch, sondern als »Sache« gesehen, die zu homosexuellen Dienstleistungen gezwungen werden kann. Diese »Sache« wird am Ende von der Führungsclique den manipulierten Mitschülern ausgeliefert, wodurch alle zu Mittätern werden. Basinis Versklavung, seine Misshandlung und sein Ausschluss aus der Anstalt sind deutliche Kritik an einer Gesellschaftsform, »die den Menschen den Dingen gleichmacht und die auftretende soziale Konflikte […] als individuelle Konflikte begreift und damit privatisiert und abschiebt«[10].

Verhalten der Lehrer

Die Lehrer, die Verantwortung für eine Erziehung haben, die auf die Bedürfnisse der Jugendlichen gerichtet ist, versagen völlig und sind für ihre Zöglinge keine ernst zu nehmenden Ansprechpartner. Törleß beurteilt sie als »ältere Leute« und »lächerliche Figuren« (193), »die von den Zuständen des menschlichen Inneren […] wenig zu wissen schienen« (193). Ironisch ist von der »ehrbar verkümmerten Erscheinung der meisten Lehrer« die Rede, mit »schmalen Schultern, mit spitzen Bäuchen auf dünnen Beinen und mit

Augen, die hinter ihren Brillen harmlos wie Schäfchen weiden« (161).

Diese Harmlosigkeit zeigt sich in ihren schlichten Kommentaren während des Verhörs, als der Direktor und drei Lehrer versuchen, Törleß' Äußerungen in ihre gewohnten Kategorien einzuordnen: Als der Religionslehrer das Wort »Seele« hört, ist er schon zufrieden. In dieser existenziell wichtigen Situation sind sie ihren Schülern hoffnungslos unterlegen.

Überlistung der Erzieher

Beineberg und Reiting sind nicht nur vom Erziehungssystem Unterdrückte, sondern sie wachsen als intelligente Drahtzieher über ihre hilflosen Erzieher hinaus, indem sie deren moralische Argumente benutzen, um sie zu täuschen. Sie drehen den Sachverhalt einfach um und verweisen auf eine Palette von Besserungsversuchen: Mitleid mit einem fehlbaren jungen Menschen, »gütliche Belehrungen« und Schonungsversuche »aus den edelsten Empfindungen« heraus hätten ja leider keinen Erfolg gehabt, sondern zu »gemeinstem Hohn« (189) geführt. Deshalb sei es verständlicherweise zu einem »Überschäumen« (189) ihres Verhaltens gekommen.

Der Erzähler beurteilt das Geschehen als »wohlverabredete Komödie«, bei der »alle ethischen Töne [...] zur Entschuldigung angeschlagen wurden, welche in den Ohren der Erzieher Wert haben« (189). »Die Sadisten zeigen sich als Meister im Vertuschen der Verbrechen«.[11] Basini sieht keine Chance, gegen diese Täuschung anzukommen. Er ist zum »Opfer einer Tätergemeinschaft« geworden, »ohne Chance auf Rechtfertigung oder Wiedergutmachung«.[12] Das Opfer wird zum Täter, die Täter stellen sich als Opfer dar.

Der Roman schließt pessimistisch: »In der Schule ging alles den gewohnten Gang« (197). Die Erwachsenen haben aus den Vorkommnissen nichts gelernt und sie nicht einmal begriffen. Törleß dagegen flieht aus der Welt gesellschaftlichen Handelns und Misshandelns in ein schöngeistiges, isoliertes und exklusives Künstlerdasein.

Macht und Sexualität

Musil hat in Beinebergs und Reitings Verhalten »die sexuelle Komponente des Machttriebes«[13] verdeutlicht. Auch Törleß sieht den Zusammenhang: Er fordert Basini auf, ihm über Reitings und Beinebergs Tun »alles zu erzählen« (141). Sein Wissen über ihre sexuellen Handlungen verleiht ihm Macht über sie.

In abgeschwächter Form wird dieser Zusammenhang von Sexualität und Macht schon zu Beginn des Geschehens deutlich, als die sozial verachtete Božena durch ihre käufliche Sexualität Macht über die adligen Zöglinge gewinnt. Wie sie sagt, kommen sie förmlich »zu ihr gekrochen« (49).

Vorgeschichte der Diktatur

Rückblickend gesehen kritisiert der Roman nicht nur das Verhalten der österreichisch-ungarischen Gesellschaft der Jahrhundertwende und ihr Erziehungssystem. Die Kritik reicht weiter: »Musil schreibt, ohne es zu wissen, die Vorgeschichte der Diktaturen des 20. Jahrhunderts. Er […] findet […] das komplette Arsenal der Roheit, die später Geschichte macht. Unter der Oberfläche gewöhnlicher Schülertorheiten und Internatspsychosen bricht die Barbarei hervor. In jugendlicher Grausamkeit enthüllt sich schließlich die Methodik der Konzentrationslager. […] Musil blickt […] der trügerischen Wohlanständigkeit, dem optimistischen Glauben, daß die Triebe domestiziert und der Blutrausch nur in finsteren Vorzeiten eine Chance gehabt habe, die Vernunft zu überwältigen, auf den Grund und entdeckt, wie nahe bevor der neue Ausbruch steht. Der *Törleß* ist vielleicht das hellsichtigste Buch, das vor dem Ersten Weltkrieg geschrieben wird.«[14]

Zur Form des Erzählens

Erzählweise

Auktoriales Erzählen

Über weite Strecken des Romans herrscht die **auktoriale Erzählhaltung** vor. Der Erzähler vermittelt zwischen der dargestellten Welt und dem Leser. Kennzeichen dieses Erzählens sind z. B. Rückwendungen und Vorausdeutungen. Um solche handelt es sich, wenn der Erzähler aus seiner wissenden Perspektive die Vergangenheit von Törleß darstellt oder wenn er auf seine zukünftige Entwicklung verweist und sich gewissermaßen von einem Standort außerhalb des Geschehens korrigierend und deutend in sein Denken und Fühlen einschaltet.

Auf diese Weise wird der Blickwinkel des jugendlichen Romanhelden von der reifen, alles überschauenden Sicht des Erzählers überlagert. Dessen Wissen um Törleß' Zukunft bleibt deshalb nicht ohne Einfluss auf seine Darstellung und Bewertung der »Verwirrungen« seines Helden. Sie beeinflusst die Haltung des Lesers, dessen Orientierung in der Erzählgegenwart liegt. Der Erzähler wahrt sorgsam seine Distanz gegenüber den Figuren. Deshalb erhalten sie keine Vornamen, sondern werden, selbst die Hauptfigur Törleß, durchgehend nur mit dem Familiennamen genannt.

Der Abstand zwischen dem Erzähler und Törleß wird am Schluss aufgehoben. Da gelingt es Törleß zum ersten Mal, selbst die distanzierende Haltung einzunehmen, die den Erzähler durch das ganze Geschehen hindurch kennzeichnet, und zwar in der Rückschau auf das vergangene Geschehen (vgl. 196,16–21).

Charakteristisch für die distanzierte Haltung des Erzählers ist schon am Anfang seine Deutung des Gefühls, das Törleß den Eltern gegenüber hat: »Er hielt es für Heimweh [...]. In Wirklichkeit war es aber etwas viel Unbestimmteres und Zusammengesetzteres. [...] Ich meine diese [...] körperliche Erinnerung an eine geliebte Person« (10). Nur an dieser Stelle des Romans lässt Musil den Erzähler in der Ich-Form sprechen, um den besonderen, subjektiven Aspekt von Törleß' Heimweh nachvollziehbar zu machen. Sonst vermeidet er diese subjektive Stellungnahme.

Distanzierte Haltung des Erzählers

Die auktoriale Haltung drückt sich besonders in der Vorausdeutung auf Törleß' späteres Leben als »ästhetisch-intellektuelle Natur« (158) aus. Sie wird allerdings nicht bruchlos durchgehalten. Da es Musil weniger um äußeres Geschehen, sondern um die Beschreibung von Bewusstseinsinhalten geht, wird an entscheidenden Stellen, die für Törleß' innere Entwicklung bedeutsam sind, personal erzählt.

Mittel dieses **personalen Erzählens** sind erlebte Rede und innerer Monolog, die die inneren Vorgänge unmittelbar wiedergeben. Der Erzähler schreibt über Törleß, als dieser sich mit Basini allein im Raum befindet: »Törleß [...] musste sein Auge erst an das Dunkel des Zimmers gewöhnen. Doch, dort, der unbewegliche Schatten, das wird er wohl sein. Ach, er seufzt ja sogar, – einmal, ... zweimal, ... oder schläft er am Ende?« (136). Und Törleß fragt sich

Personales Erzählen

nach dem Gespräch mit Basini: »Ist es von Belang, daß ich aus Festigkeit, aus Anständigkeit [...] anders handeln würde?« (148).

Das Ineinanderwirken von personaler und auktorialer Erzählsituation bewirkt beim Leser einen Wechsel zwischen seiner Identifikation mit Törleß durch Einfühlen in seine Seelenlage und der Distanzierung von ihm durch die Kommentare des Erzählers. Besonders deutlich wird dieser Wechsel in der Szene, in der nach seiner Verführung durch Basini Törleß' spätere Haltung den Ereignissen gegenüber dargestellt wird (vgl. 111 f.).

Zeitgestaltung und Verweise

Wechsel von Zeitraffung und Zeitdehnung

Verbunden mit diesen unterschiedlichen Erzählsituationen ist ein ständiger Wechsel zwischen Passagen, in denen der Erzähler das äußere Geschehen zusammenfasst, und solchen, in denen er bestimmte Situationen oder Reflexionen ausführlicher schildert. Im ersten Fall rafft er die Zeit, im zweiten greift er zu zeitdehnenden Mitteln.

Die **Zeitraffung** stellt das Kontinuum des Erzählens her und leitet jeweils zur nächsten Episode über. Sie erweitert den Zeitraum des Geschehens in die Vergangenheit und auch in die Zukunft. Die **Zeitdehnung** dient dazu, dem Leser die wichtigsten seelischen Prozesse und Ergebnisse unmittelbar vor Augen zu führen. Stauung oder Verzögerung des Zeitablaufs in wichtigen inneren Situationen sind Zeichen für die Psychologisierung des Romangeschehens.

Mit dieser Erzähltechnik gelingt es Musil, Spannung zu erzeugen, z. B. in der Schilderung, wie die Jungen durch den dunklen Wald zu Boženas Haus gehen (vgl. 36–40), oder in der Darstellung des ersten Treffens mit Basini auf dem Dachboden (vgl. 99–106).

Viele Abschnitte beginnen mit einer Zeitangabe, die einen Bezug zwischen ihnen herstellt. Sie ermöglichen es, die Zeit zwischen der ersten und letzten Szene auf ca. 6–7 Wochen zu bestimmen. Das Geschehen spielt wohl im Spätherbst eines Jahres, wie durch erwähnte Ereignisse zu erschließen ist. In der Parkszene wird von den »sich entblätternden Kronen« zweier Bäume gesprochen (87). Als Törleß später vor seinem Weggang seine Rede hält, sieht er vor dem Haus eine »riesige weiße Fläche« (193), bei der es sich wohl um Schnee handelt.

Zeitangaben

Diese Hinweise auf die reale Zeit geschehen eher beiläufig. Sie dienen dazu, die Realität des Geschehens zu bekräftigen und einen zusammenhängenden Handlungsverlauf darzustellen. Wichtiger als diese lineare Zeitgestaltung sind dem Erzähler jedoch die an zahlreichen Stellen eingeschobenen **Rückverweise** und **Vorausdeutungen**. Sie häufen sich zu Anfang und gegen Schluss des Romans.

Die Vorausdeutungen erweitern den Handlungszusammenhang des Romans erheblich, indem der Sprung in ein späteres Lebensalter Törleß' vollzogen wird.

Vorausdeutungen

Die Rückverweise beziehen sich zum Teil auf das Geschehen außerhalb der Romanzeit. So denkt Törleß einmal an ein Opernerlebnis in einer italienischen Stadt (129 f.). Andere Rückwendungen beziehen sich auf Ereignisse innerhalb des Roman-

Rückverweise

geschehens. Schon am Anfang wird das Geschehen vor vier Jahren mitgeteilt, als Törleß' Eltern ihren Sohn am Konvikt anmeldeten. Später fällt ihm »ein Brief ein, den er lange vorher von zu Hause erhalten hatte« (183). Auf diese Weise entstehen Raffungen, die das Zeitgeschehen verdichten. Die Rückwendungen und Vorausdeutungen »vergegenwärtigen zeitlich Getrenntes in einem Sinnzusammenhang«[15].

Formen der Zeit

Törleß erlebt zwei gegensätzliche Formen der Zeit: die kontinuierlich-messbar ablaufende, mechanische Zeit, die die menschliche Existenz ihrer Sinnhaftigkeit entleert, und die innere Zeit, welche in den Gleichnissen, Reflexionen und nachdenklichen Stimmungen von Törleß fassbar wird: die »zur Zeitlosigkeit sich wandelnde Zeit der zweiten Wirklichkeit«[16], um die es eigentlich geht.

Die äußere Zeit stellt Musil schon am Anfang des Romans dar, wenn er den Bahnhofsvorsteher seine Taschenuhr hervorziehen, den Kopf schütteln und wieder verschwinden lässt (vgl. 8). Der Tagesablauf in der Kadettenanstalt und der Stundenplan unterliegen ebenfalls dieser mechanischen Zeit. Sie ist ohne Sinn, Törleß steht ihr gleichgültig gegenüber und findet sie »so langweilig« (31). Für ihn fallen »die Stunden seines Lebens [...] ohne innerlichen Zusammenhang auseinander« (18).

Wesensmerkmal dieser Zeit ist das Entseelte, Mechanische, das zur Erstarrung des Lebendigen führt. Deshalb sieht Törleß sein Leben als einen »Prozeß von mechanischer Gleichförmigkeit« (150), der ihn einschläfert.

Raumgestaltung und -symbolik

Zur Psychologisierung des Romangeschehens trägt die Gestaltung des Geschehensraumes bei. Musil beschränkt sich auf wenige Schauplätze, die symbolische Bedeutung haben, aber auch Stimmungen widerspiegeln. Man kann drei Arten von Orten unterscheiden, je nachdem welche Wirklichkeit sich in ihnen ausdrückt.

Orte rationaler Wirklichkeitswahrnehmungen sind gekennzeichnet durch Überschaubarkeit und Kontrollierbarkeit. Zu ihnen gehört das Zimmer des Mathematiklehrers, das statt der von Törleß vermuteten Erhabenheit nur Gewöhnlichkeit ausstrahlt, die ihn »verletzte« (107).

Bahnstation

Von besonderer Bedeutung ist die Bahnstation, von der zu Beginn des Geschehens berichtet wird. Formal gesehen hat sie einmal die Aufgabe, Anfang und Ende des Romans miteinander zu verklammern und somit die Entwicklungsphase von Törleß äußerlich abzurunden. Außerdem lernt der Leser fast alle Personen kennen, die später eine Rolle spielen. Inhaltlich gesehen ist die Szene Bedeutungsträger. Sie spiegelt Stimmungen und stimmt den Leser auf das folgende Geschehen ein.

Schon der erste – verblose – Satz des Romans enthält eine Raumdarstellung: »Eine kleine Station an der Strecke, welche nach Rußland führt« (7). Dieser Satz evoziert beim Leser eine niedergedrückte Stimmung sowie Gefühle der Monotonie, Leblosigkeit, Starre, der Langeweile und des Ausgeliefertseins. Auf die Unendlichkeit dieser Strecke wird verwiesen, wohin »endlos gerade [...] vier parallele Eisenstränge nach beiden Seiten« (7) führen. Dem Leser wird auf diese Weise der Durchgangscharakter dieses Lebensabschnitts, die Ungewissheit der Zukunft und die Entwicklungsrichtung der Hauptperson angedeutet.

Im Gegensatz zu der unendlichen Weite dieser Strecke steht die begrenzte »kleine Station« in ihrer Bedeutungslosigkeit und Verlorenheit. Sie verweist auf den dargestellten kurzen Lebensabschnitt, eine vorübergehende, abgegrenzte Episode mit Offenheit nach Vergangenheit und Zukunft. Die Stimmung der Trostlosigkeit und Müdigkeit wird durch Kennzeichnungen von Einzelheiten der Örtlichkeit noch verstärkt: Vom »niederen« Stationsgebäude wird gesprochen, von einer Straße, deren Ränder sich im »zertretenen Boden« verloren, und von »erdrosselten Blättern« (7).

Der Erzähler beschreibt die Wirkung dieser Stimmung auf die »Gegenstände und Menschen« auf dem Bahnhof: Sie haben »etwas Gleichgültiges, Lebloses, Mechanisches an sich, als seien sie aus der Szene eines Puppentheaters genommen« (7). Sogar das Lachen der jungen Leute, die Törleß' Eltern begleiteten, scheint durch die depressive Stimmung des Ortes »gleichsam an einem zähen, unsichtbaren Widerstand zu Boden zu sinken« (8).

Stimmung

Orte irrationaler Wirklichkeitswahrnehmungen sind gekennzeichnet durch Unüberschaubarkeit, Dunkelheit und Unkontrollierbarkeit. Zu ihnen gehört einmal das Dorf, das die jungen Leute auf ihrem Heimweg vom Bahnhof durchqueren. Gebäude und Bewohner vermitteln eine »tierische, drückende Atmosphäre« (22), von der Törleß »wie mit Krallen« (23) ergriffen wird.

Verstärkt wird diese Atmosphäre in Boženas Haus. Schon der Gang der Zöglinge dorthin wird symbolisch aufgeladen (vgl. 35f.). Sie verlassen die »innere Stadt«, den Bereich des Hellen, Bür-

Weg zu Božena

gerlichen, und gehen zum dunklen Fluss. Der Leser verbindet mit diesem Gang der Zöglinge in der Dunkelheit das Eindringen in den Bereich des Triebhaften, Sexuellen. Dafür steht dann »das alte Badhaus« (36), in dem sich Božena aufhält. Vor dem »Wühlen seiner dunklen Leidenschaften« (44) will sich Törleß retten, indem er an die »hellen Räume der elterlichen Wohnung« (44) denkt.

Der Park

Zu den **Orten mit ambivalenter Bedeutung** gehört der Park. Einerseits ist er Bild für die vom Menschen angelegte, gepflegte und beherrschte Landschaft und vermittelt Geborgenheit. Andererseits gehört er auch zum irrationalen Bereich: Törleß blickt in den Himmel und erkennt, dass »der blaue, leuchtende Grund« (88) sich dem menschlichen Zugriff entzieht. Von dieser Unendlichkeit fühlt er sich bedroht und verhöhnt (vgl. 89). Sie geht »über den Verstand« (88). Törleß hat jetzt seine Kindheit verlassen, ist aber der neuen Wirklichkeit der Erwachsenen gegenüber noch hilflos. Diese Entgrenzung seiner bisherigen endlichen Kinderwelt und die Unsicherheit angesichts einer grenzenlosen neuen Wirklichkeit bringen ihn in Verwirrung.

Das Konvikt

Das Konvikt hat ebenfalls ambivalente Bedeutung. Einmal ist es zentraler Ort rationaler Wirklichkeitswahrnehmung. Seine räumliche »Enge« (21) kontrastiert zu den Schienen der Bahn, die in die Weite der Welt hinausführen. Es soll ein Ort der Konzentration und Abgeschlossenheit sein, in dem Erziehung störungsfrei stattfinden und die gesellschaftlichen Normen vermittelt werden können.

Die irrationale Seite dieses Gebäudes spielt jedoch eine größere Rolle. Musil lässt die ehrenwerte Fassade des Instituts stehen. Aber das Schreckliche sitzt unter der Oberfläche. Dafür steht der Bereich des winkligen Dachbodens mit der Roten Kammer, die außer den Jugendlichen niemand kennt. Der Gang zu dieser Kammer und diese selbst werden sehr detailgetreu beschrieben. Aber trotzdem gewinnt der Leser keine klare Vorstellung davon, in dieser Hinsicht bleibt *er* in »Verwirrung«.

Der verwinkelte Dachbodenraum veranschaulicht in seiner Unübersichtlichkeit und Undurchschaubarkeit die Perversität des Denkens und der Ereignisse, die sich dort abspielen. Ziel der Jugendlichen und wichtigster Schauplatz des Romans ist die fensterlose Rote Kammer auf dem Dachboden, die siebenmal Ort des Geschehens ist. Sie ist die finstere Welt von Beineberg und Reiting, die dort ihre Pläne zur Demütigung und Quälerei Basinis schmieden, und vermittelt eine Atmosphäre des Unheimlichen und Bedrohlichen. Auf Törleß übt sie Faszination aus. Sie kommt ihm vor »wie ein vergessenes Mittelalter« und scheint Beineberg und Reiting in etwas »Düsteres, Blutgieriges« zu verwandeln, in »Personen in einem ganz anderen Leben« (149), nämlich in perverse, sadistische Quäler. Sie ist Symbol für die verborgenen und unterdrückten Triebschichten des Menschen. Er erlebt in ihr die düsteren Seiten menschlichen Wesens und erfährt hier in besonderem Maße, dass die Grenze zwischen den beiden Welten »jeden Augenblick überschreitbar« (65) zu sein scheint.

Die Rote Kammer

Lichtsymbolik

Im Romangeschehen kommt dem Licht und, damit verbunden, der Dunkelheit besondere Bedeutung zu. Schon in der Bahnhofszene verstärkt das »bleiche, kraftlose, durch den Dunst ermüdete Licht der Nachmittagssonne« (7) die gedrückte Stimmung. Dieser Gleichgültigkeit und Stumpfheit steht wenig später Törleß' Sehnsucht gegenüber, sich aus dem »Meer grauer Empfindungen« (9) zu lösen. Beim Schreiben fühlt er sich durch eine »Insel voll wunderbarer Sonnen und Farben« (9) in eine andere, helle Welt versetzt.

Der größere Teil des Geschehens spielt in den Abend- und Nachtstunden. Törleß sieht in der Konditorei »in den leeren Garten hinaus, der allgemach verdunkelte« (24). Nach dem Gespräch mit Beineberg blickt er in die Dunkelheit des verlassenen Gartens und fühlt sich von einem »Schwarm schwarzer Feinde« (32) bedroht.

Helligkeit und Dunkelheit

Trübe Lampen erleuchten die Räume des Konvikts. Die Rote Kammer wird nur durch mitgebrachtes Licht erhellt. Beineberg »blendete die Laterne ab«, als sie auf Basini warten, und so sitzen sie »reglos in der Finsternis« (96), also gefangen in ihrer Sinnlichkeit und Perversität.

Der Erzähler benutzt die Lichtsymbolik nicht nur, um die Stimmungen der Hauptfigur zu spiegeln. Darstellungen, Gleichnisse und Metaphern aus dem Bereich der Lichtsymbolik durchdringen fast alle Bereiche des Textes und haben meist symbolische Bedeutung.

Der Erzähler spricht vom »geheimnisvollen, bizarren Dämmern des esoterischen Buddhismus« (24), um den Zwischenbereich zwischen Verstand und Gefühl zu verdeutlichen. Beineberg wird oft ins Zwielicht gestellt und ist auch oft mit einer kleinen Laterne ausgerüstet, die er je nach der gewünschten Wirkung auf- und abblendet. In der winkligen Kammer löscht er das Licht, wenn er seine eigenartigen Ideen darstellt, »weil es sich so von solchen Dingen besser spricht« (165), wie er meint. Törleß fragt ihn daraufhin, ob er auch da so spräche, »wo die Lampen hell brennen« (167), also dann, wenn das Licht des Verstandes zur Geltung kommt.

Törleß' Verhältnis zu Helligkeit und Dunkelheit ist ambivalent. Einmal berichtet der Erzähler: Sein Leben »war auf jeden Tag gerichtet«, dann spricht er im gleichen Abschnitt von der Faszination, welche die Nächte auf Törleß ausüben (vgl. 47).

Das helle Licht

Törleß liebt im Gegensatz zu Beineberg das helle, natürliche Licht. Im Zimmer von Božena findet er »Frieden«, und zwar »oberhalb der kleinen Gardine. Dort sahen die Wolken vom Himmel hinein und reglos der Mond« (46). Als Törleß nach der Misshandlung Basinis den »über den Boden fließenden Lichtschein« sieht, sagt er zu dem verständnislosen Beineberg: »Mir ist dieses Licht wie ein Auge. Zu einer fremden Welt« (100). Es bedeutet für ihn schon zu diesem Zeitpunkt Mittel der Erkenntnis.

Als er sich später gegen die widerlichen Quälereien entscheidet, fällt durch das Dachfenster »ein breiter Balken Mondlicht« (177), der ihn den geschundenen Körper Basinis erkennen lässt. Jetzt wird ihm klar, was geschehen ist und was er getan hat. Er erkennt den Sadismus seiner Mitschüler und fällt seine Entscheidung gegen deren dunkle Welt. Von nun an betritt er nicht mehr die Rote Kammer.

Das Dunkel

Das Dunkel enthält für Törleß die ungehobenen Schätze einer unbewussten und verwirrenden Wirklichkeit, die durch den Erkenntnisvorgang ans »Licht« gehoben und versprachlicht werden muss. Dies spürt Törleß, als er durch Aufschreiben seine Gedanken ordnen will. Bildhaft spricht der Erzähler von einzelnen »Teilchen«, wie sie sich aus der »Finsternis« lösen, vorübergehend in den Bereich des »Lichts« gelangen, dann aber daraus wieder versinken (vgl. 128).

Die Lichtsymbolik begleitet die Grenzüberschreitung zwischen Außen und Innen, zwischen der Welt des Gegenständlichen und der des Seelischen. Sie verdeutlicht aber auch Törleß' Prozess der Bewusstseinsbildung und Erkenntnisgewinnung. In seiner Rede vor den Lehrern weist er bildhaft darauf hin: »Eine große Erkenntnis vollzieht sich nur zur Hälfte im Lichtkreis des Gehirns, zur anderen Hälfte in dem dunklen Boden des Innersten« (194f.).

Bedeutung der Lichtsymbolik

Dingsymbole

Törleß' Annäherung an das Unsagbare wird durch Bilder von Mauern, Toren und Türen veranschaulicht. Diese Gegenstände haben symbolische Bedeutung.

Mauern

Vor der Konditorei steht die Dunkelheit »wie eine Mauer vor den Fenstern« (32). Der Vergleich verdeutlicht Törleß' Einsamkeit. Beim Gang zu Boženas Haus müssen die Jugendlichen durch einen Wald, der »wie eine schwarze, undurchdringliche Mauer« (36) droht. Diese Mauer zur Sinnlichkeit kann man jedoch durchschreiten, wie er in Boženas Zimmer ahnt. Dort erscheinen ihm die Nächte »wie dunkle Tore zu geheimnisvollen Freuden, die man ihm verheimlicht hatte, so daß sein Leben leer und unglücklich blieb« (47). Er erinnert sich an ein »eigentümliches Lachen seiner Mutter« am Arm seines Vaters und erkennt: »Auch aus der Welt jener Unantastbaren und Ruhigen mußte eine Pforte herüberführen« (47), nämlich in den Bereich der Sinnlichkeit.

Ebenfalls einen Hinweis auf Durchlässigkeit gibt nach dem Parkerlebnis die »graue, fensterlose Mauer« hinter Törleß. »Sie schien [...] ihn schweigend anzusehen«, und in ihr erwacht »ein unheimliches Leben« (93). Ihre undurchdringliche Bedeutung scheint sie aufgegeben zu haben.

Auch nach Basinis Diebstahl vermutet Törleß, dass von »der hellen, täglichen Welt [...] ein Tor zu einer leidenschaftlichen, nackten, vernichtenden führte« (64). Er erkennt zum ersten Mal, dass die Grenzen zwischen diesen beiden Welten »jeden Augenblick überschreitbar aneinanderstoßen ...« (65). Damit macht er die grundlegende Erfahrung, die er allerdings noch nicht begreifen kann, dass die beiden Welten zusammengehören.

Tore, Türen

Als Törleß dann seine Verwirrungen überwunden hat, erkennt er, dass es »leicht verlöschbare Grenzen rings um den Menschen gibt, daß fiebernde Träume um die Seele schleichen, die feste Mauern zernagen und unheimliche Gassen aufreißen« (199). Jetzt erscheint ihm die Mauer als überwindbares Hindernis auf dem Weg nach innen.

Es gibt nicht nur Türen, die in den Bereich der Sinnlichkeit führen, sondern auch welche, durch die man Zutritt zum rationalen Bereich der Mathematik findet. Die Kenntnis des Problems der imaginären Zahlen ist für Törleß wie »der Schlüssel eines versperrten Gartens« (105). Als der Lehrer ihm das Problem nicht erklären kann, hört Törleß zu diesem Bereich »die Tür zufallen« (109), der Schlüssel bleibt ihm verborgen. Einige Tage später erwacht in ihm der »ganze Schmerz« darüber, dass er in Bezug auf Philosophie und Mathematik »noch immer vor einem verschlossenen

Tor stehen müsse« (123), also kein Wissen um die Möglichkeit des Zugangs hat.

Mauern bedeuten Grenzen zwischen der hellen, rationalen Welt des Alltags und der irrationalen Welt sowohl der Sinnlichkeit als auch der Geistigkeit. Anfangs verschließen sie Törleß den Weg zu diesen Bereichen. Am Ende seiner Entwicklungsphase hat er Zugänge gefunden.

Sprachliche Mittel

Was Törleß bedrängt, kann er nicht oder nur schwer in Worte fassen. Als ihn der Direktor bei der Schilderung seiner Erlebnisse um Präzision des Ausdrucks bittet, entgegnet er: »Es ist etwas Dunkles in mir, [...] das sich nicht in Worten ausdrückt und das doch mein Leben ist« (196). Der Autor bedient sich zweier Möglichkeiten, um dieses Unvermögen zu verdeutlichen: der »Beschränkung auf ein bloßes tastendes Benennen der Dinge« und des »Ausweg[s] in die Bildlichkeit«.[17]

Tastende Sprache

Tastende Sprache. Mit dem Ausdruck »tastende Sprache« ist eine Sprache gemeint, die ihren Gegenstand nicht einfach begrifflich fixieren kann, »sondern die ihn mit den Worten betastet, wie wenn man etwas Unbekanntes [...] leicht berührt, um vielleicht herauszufinden, was es ist«.[18]

Wörter des Unbestimmten

Eine solche Sprache findet sich häufig bei der Beschreibung von Gefühlen. Der Erzähler spricht von »einer Art Sehnsucht« (14), »einer Art Scham« (28) oder »einer Art Neid« (105). Törleß fühlt »etwas wie Zorn und Eifersucht« (94), als Beineberg und Reiting ohne ihn verhandeln.

Die Unsicherheit dieser tastenden Sprache äußert sich auch in der Struktur von Sätzen, so z. B. in dem Abschnitt, in dem der Erzähler Törleß' »dumpfes, unbestimmtes Gefühl« nach der Erzählung Reitings wiederzugeben versucht (vgl. 63).

In diesen Zusammenhang gehören Wörter, welche die klare Bezeichnung von Sachverhalten vermeiden und unbestimmte Ahnungen ausdrücken, z. B. »etwas«, »scheinen«, »vielleicht«, »wohl«, »irgend«, die außerordentlich häufig vorkommen. So sagt Törleß zu Beineberg: »Du hoffst vielleicht auf etwas, aber auch dir ist es ganz ungewiß. Es ist so: ein ewiges Warten auf etwas, von dem man nichts anderes weiß. Als daß man darauf wartet …« (30 f.). »Etwas« ist nicht nur Ausdruck der Sehnsucht, sondern auch der Ort, von dem Bedrohung für Törleß ausgeht.

Vergleiche

Vergleiche. Im Roman gibt es relativ viele Vergleiche. Sie dienen der Verdeutlichung eines Sachverhalts, der Erhöhung der Anschaulichkeit und der Bedeutungsverdichtung. Alle Personen gebrauchen diese bildhafte Form des Sprechens, auch der Erzähler. Törleß selbst verwendet die meisten Vergleiche, weil er am meisten Schwierigkeiten hat, das Unsagbare auszudrücken. Als er sich über seine Begegnung mit Basini schriftlich Rechenschaft abzulegen versucht, regt sich in ihm in Bezug auf ihn »etwas […] wie eine wahnsinnig kreiselnde Bewegung« (127). Die »Vergleiche, die er […] erfand« (127), verwendet er, weil sich das Eigentliche nicht mittels sachlicher Sprache ausdrücken lässt.

Zu Beginn des Geschehens wird der Bahnhofsvorstand wegen seines mechanischen Verhaltens mit einer Figur »aus alten Turmuhren« (8) verglichen. Törleß erscheinen die »Nächte […] wie dunkle Tore« (47). Er empfindet in Italien als Zuhörer der Oper »die Leidenschaft der Melodien wie Flügelschläge großer dunkler Vögel« (130). Im Zimmer Boženas wartet er auf »irgend etwas von fürchterlicher, tierischer Sinnlichkeit; das ihn wie mit Krallen packe und von den Augen aus zerreiße (23). Im bedrohenden Dunkel kommt es ihm vor, als würden die Schatten »wie schwarze Eunuchen auf Wache stehen« (33).

Bedeutung der Vergleiche

Die Vergleiche dienen oft dazu, nicht die Dinge selbst zu bezeichnen, sondern die Empfindungen, die sie in Törleß auslösen. Sie versuchen das Unsagbare sagbar zu machen.

Metaphern

Metaphern. Zur Veranschaulichung des Gemeinten und damit ebenfalls zur Annäherung an das Unsagbare verwendet Musil auch Metaphern. Im bedrohlichen Dunkel kommt es Törleß vor, als ob er »der Herrin [...] der schwarzen Scharen« (33) gegenüberstünde. Törleß fühlt, dass er allmählich »in die engen, winkligen Gemächer der Sinnlichkeit« (162) gelangt. Nach seiner Affäre mit Basini glaubt er, den anderen Menschen würde »die Dornenkrone seiner Gewissensbisse« (157) fehlen. Als Basini merkt, dass von Törleß keine Hilfe zu erwarten ist, fühlt er »ein Meer von grauer, nüchterner Enttäuschung« (175) zwischen sich und Törleß geschoben.

Baum und Reifung

Eine grundlegende Metapher des Romans mit symbolischer Bedeutung bringt den Entwicklungs- und Reifeprozess von Törleß zum Ausdruck: die des Baumes, der Wurzeln zu schlagen versucht.

Törleß fühlt sich im Internat »verarmt und kahl, wie ein Bäumchen, das nach der noch fruchtlosen Blüte den ersten Winter erlebt« (11). Die Einsamkeit hat für Törleß' Seele die

Bedeutung, »als ob sich ihre Wurzeln erst suchend senken und den Boden zerwühlen müßten, den sie nachher zu stützen bestimmt sind« (33).

Nach seiner Affäre mit Basini drängt sich Törleß »das Bild des Gärtners« auf, »der jeden Morgen seine Beete gießt« (182), und der Erzähler stellt am Ende fest, dass Törleß' Seele »einen neuen Jahresring angesetzt« habe »wie ein junger Baum« (187). Nach Törleß' Gespräch mit den Lehrern bemerkt der Erzähler: »Nur einer Erschütterung der Seele hatte es für Törleß bedurft, um diesen letzten Trieb zur Höhe zu treiben« (195). Zu dieser Wachstums- und Reifungssymbolik passt die Bezeichnung »Zögling«. Der Begriff verweist auf die Bedeutung des körperlichen und psychischen Wachstums eines Menschen.

Interpunktion

Interpunktion. Ein häufiges Satzzeichen im Roman sind die Auslassungspunkte. Sie deuten meist auf unausgesprochene Gedanken oder Gefühle hin, die über das Ausgesagte hinausführen.

Manche Sätze enthalten Auslassungszeichen, als ob die Gedanken oder Gefühle nur anzudeuten und nicht auszusprechen seien. So beschreibt der Erzähler Törleß' Gedanken im Zimmer Boženas: »eine geheime fürchterliche Freude. Etwas, in dem man sich mit all seiner Angst vor dem Gleichmaß der Tage ertränken kann .... […] und dieses Lachen seiner Mutter? ... als ob sie mit ruhigem Schritte ginge, alle Türen zu schließen« (48). Oder Beineberg überlegt, was mit Basini zu tun sei: »Freilich wird man es am Ende auch eine Strafe für ihn nennen können, ... aber, um nicht lange Worte zu machen, ich […] will ihn ... nun sagen wir einmal ...: quälen ...« (82).

Auslassungspunkte und manchmal auch Gedankenstri-

che steigern den Eindruck des Nicht-Beschreibbaren seelischer Stimmungen. Musil gelingt es so, seelische Vorgänge außersprachlich zu verdeutlichen und das Aufbrechen der alltäglichen Wirklichkeit wiederzugeben.
Dazu dienen ihm auch die manchmal miteinander kombinierten Frage- und Ausrufezeichen. So fragt Törleß seinen Vater auf dem Bahnhof: »Aber Papa, was soll mir denn passieren?!« (19). Oder Basini fragt ihn, als er zu ihm kommt, warum auch er ihn verachtet: »Aber du? Gerade du?!« (152). Um noch höhere Gefühlsbetroffenheit darzustellen, benutzt der Autor auch zwei Ausrufezeichen. Reiting bedroht Törleß: »Halte deinen Mund, oder ...!!« (179).

Bedeutung der Form

Die Form des Romans spiegelt dessen Problematik, nämlich das Unvermögen, die Welt des Gefühls und der Sinnlichkeit sprachlich angemessen und anschaulich wiederzugeben. Musil verwendet deshalb eine vorsichtige, »tastende Sprache« und versucht mittels bildhafter Ausdrucksweise (Vergleiche, Metaphern) und einer besonderen Interpunktion dem Leser das eigentlich Unsagbare zu verdeutlichen.

6. Autor und Zeit

Zum Kontext

Nicht nur der Schauplatz des Romans, sondern auch Stationen aus Musils Biografie bis 1902/03 liegen im geografischen Raum der österreichisch-ungarischen Doppelmonarchie. Seit der niedergeschlagenen Revolution von 1848 und bis 1916 regiert Franz Joseph I. die Donaumonarchie, zunächst als Kaiser von Österreich, später als Kaiser von Österreich und König von Ungarn. Er ist ein wenig reformfreudiger Herrscher und laviert seinen Vielvölkerstaat mit allgegenwärtigem Militär, einer ausufernden Bürokratie und polizeistaatlichen Methoden durch den sich zuspitzenden Nationalitätenstreit und soziale Unruhen bis in den Ersten Weltkrieg.

Historischer Kontext

Sie sozialen Verhältnisse in der Doppelmonarchie um die Jahrhundertwende werden hauptsächlich durch das Verhältnis der beiden politisch-ökonomischen Führungsschichten Adel und Bürgertum bestimmt. Aber auch Kleinbürgertum und Proletariat gewinnen allmählich politische Bedeutung. Während Adel und Bürgertum über eine relativ klar umrissene soziale Identität mit eher rigidem bzw. tolerantem Moralkodex verfügen, fehlen dem Kleinbürgertum noch weitgehend Profil und Identitätsbewusstsein. Es neigt zur Anpassung an die sozialen Führungsschichten und zur Abgrenzung gegenüber dem Proletariat.

Sozialer Kontext

Die gesellschaftlichen Spannungen, die Interessenkonflikte zwischen Bürgertum und Adel, aber auch die kleinbürgerliche Identitätsunsicherheit führen zu einer Wertekrise, die durch die Entwicklung der Natur- und Humanwissenschaften noch verschärft wird.

Für großes Aufsehen sorgen in dieser Zeit besonders Sigmund Freud (1856–1939), die Entdeckung des Unbewussten und die Demontage des autonomen menschlichen Subjekts. Diese Erkenntnisse führen zu einer Veränderung bisheriger künstlerischer Wahrnehmungs- und Ausdrucksweisen und in der Literatur zu neuen Strukturen.

Sigmund Freud

Musil überträgt die Erkenntnisse der Wissenschaften auf sein literarisches Schaffen. Er ist besonders von dem Physiker und Philosophen Ernst Mach (1838–1916) beeinflusst, einem der Väter des (Neu-)Positivismus, der die Absage an jede Form metaphysischen Spekulierens formuliert. Über ihn schreibt er 1908 seine Dissertation.

Ernst Mach

Musil unterscheidet grundsätzlich die beiden Bereiche Rationalität und Mystik, deren Vereinigung er anstrebt. Es geht ihm um eine Übertragung des mathematischen Verstandes auf die dichterische Erkenntnishaltung. Allerdings erkennt er eine Lücke im rationalen Denken. Darin liegt der Ansatzpunkt seiner ethischen und ästhetischen Geisteshaltung.

Rationalität und Mystik

Die Verwirrungen des Zöglings Törleß spiegeln die Erkenntniskrise ihres jungen Autors. Das Erlebnis einer irrationalen Wirklichkeit, die in die rationale hineinverwoben ist und sie zeitweise überdeckt, das Gefühl des Ausgeliefertseins an das Zufällige, Unfassbare, an die Schattenseiten des Lebens sind Grundmotive des Romans.

Irrationale Wirklichkeit

Nach Musils Auffassung muss der Dichter den »doppelten Blick« für die äußeren und die inneren Seiten des Lebens haben. Er muss über die Gabe der genauen Beobachtung, der Selbstreflexion, des In-Frage-Stellens, des Staunens, der Erfassung von Beziehungen verfügen. Er soll das unter dem hellen Bewusstsein liegende dunkle Reich des Unbewussten zum Ausdruck bringen. Darauf weist das Motto hin.

Törleß als Medium des Autors

Auf das Problem angesprochen, wie ein Sechzehnjähriger diese intellektuellen, emotionalen und moralischen Probleme haben und formulieren könne, die im Roman beschrieben werden, meint Musil: »Der Sechzehnjährige ist eine List. Verhältnismäßig einfaches und darum bildsames Material für die Gestaltung von seelischen Zusammenhängen, die im Erwachsenen durch zuviel anderes kompliziert sind, was hier ausgeschaltet bleibt.«[19]

Musil gehört zu den Dichtern des beginnenden 20. Jahrhunderts, die einmal den Untergang ihrer Epoche, der konservativen Vorkriegswelt, beklagen, andererseits aber versuchen, in Kenntnis der modernen Natur- und Geisteswissenschaften die Probleme der Menschen der Zeit vor und nach dem Ersten Weltkrieg darzustellen. Er wird dem Expressionismus zugeordnet und der *Törleß* als »Beginn der expressionistischen Prosa« angesehen.[20]

Biografische Hinweise

1880 6. November: Robert Musil wird in Klagenfurt (Österreich) als Sohn des Ingenieurs und späteren Hochschulprofessors Alfred Musil und seiner Frau Hermine geboren.

Robert Musil
zur Zeit der Entstehung der *Verwirrungen des Zöglings Törleß* (1903)

1892–97 Besuch der Militär-Unterrealschule in Eisenstadt (1892–94) und der Militär-Oberrealschule in Mährisch-Weißkirchen (heute: Hranice, Tschechien) (1894–97).

1897 Beginn einer militärischen Ausbildung an der Technischen Militär-Akademie in Wien. Verzicht auf die militärische Ausbildung und Studium des Maschinenbaus an der Technischen Hochschule in Brünn.

1902 Ende des Studiums mit der Zweiten Staatsprüfung. Einjähriger Militärdienst.

1902/03 Assistent an der Technischen Hochschule Stuttgart.

1903 Studium der Philosophie, Psychologie, Mathematik und Physik in Berlin. Diese Studienjahre liefern die wichtigsten geistigen Grundlagen für Musils Schaffen.

1906 Erscheinen seines ersten Romans *Die Verwirrungen des Zöglings Törleß*. Das Großprojekt *Der Mann ohne Eigenschaften* wird bereits erwogen.

1908 Promotion im Fach Philosophie mit einer erkenntnistheoretischen Arbeit über Ernst Mach, die ihm eine akademische Laufbahn eröffnet. Entscheidung für ein Leben als freier Schriftsteller. Arbeit für Zeitungen.

1911 Rückkehr nach Wien wegen fehlender Erfolge als Schriftsteller und finanzieller Schwierigkeiten, Arbeit als Bibliothekar an der Technischen Hochschule. Schriftstellerische Arbeit. Eheschließung mit der Malerin Martha Marcovaldi, einer Freundin aus seiner Berliner Zeit.

1913 Übersiedlung nach Berlin. Arbeit als Redakteur der *Neuen Rundschau*.

1914–18 Kriegsteilnahme als österreichisch-ungarischer Offizier, mehrere militärische Auszeichnungen. Artikel für Militärzeitungen.

1917 Erhebung des Vaters in den erblichen Adelsstand. Der Titel »Edler von« steht auch dem Sohne zu.

1919–20 Tätigkeit im Pressedienst des österreichischen Außenministeriums.

1920 Erster Kontakt in Berlin zu seinem späteren Verleger Ernst Rowohlt.

1920–22 Tätigkeit im Staatsamt für Heereswesen in Wien.

1921–31 Theaterkritiker, Essayist und ab 1922 freier Schriftsteller in Wien. Verschiedene Literaturpreise. Arbeit am Hauptwerk, dem Roman *Der Mann ohne Eigenschaften*, dessen erster und zweiter Band 1931 und 1933 erscheinen und positive Kritiken erhalten.

1931–33 Leben und Arbeiten in Berlin. Im Mai 1933, nach der Machtübernahme durch die Nationalsozialisten, Übersiedlung nach Wien. Fortsetzung der Arbeit am *Mann ohne Eigenschaften*.

1938 Nach dem Anschluss Österreichs Emigration über Italien nach Zürich, später (1939) nach Genf. Verbot seiner Bücher in Deutschland und Österreich. Weiterführung der Arbeit am großen Roman unter schwierigsten wirtschaftlichen Bedingungen, Unterstützung durch einen kleinen Freundeskreis.

1942 15. April: Tod Robert Musils in Genf. Der Roman bleibt unvollendet.

Werkliste

1906 *Die Verwirrungen des Zöglings Törleß.*

1911 Veröffentlichung eines Bandes von Erzählungen unter dem Titel *Vereinigungen* mit den Erzählungen *Die Vollendung der Liebe* und *Die Versuchung der stillen Veronika*, zwei Ehebruchsgeschichten.

1921 Komödie *Die Schwärmer*. Dafür erhielt Musil 1923 den Kleistpreis.

1924 Novellenzyklus *Drei Frauen* (Erzählungen *Grigia*, *Die Portugiesin* und *Tonka*, Thema: Verunsicherung, die von der Frau ausgeht).

1936 Prosasammlung *Nachlaß zu Lebzeiten* mit bedeutenden Kurztexten.

1943 Herausgabe des unvollendeten Nachlassteils des *Mann ohne Eigenschaften* durch Musils Frau Martha. Analyse der untergehenden und sich noch einmal aufbäumenden Donaumonarchie. Die kaiserlich-königliche österreichisch-ungarische Monarchie, von Musil »Kakanien« genannt, steht am Vorabend des Ersten Weltkrieges symbolisch für die Krise der modernen Gesellschaft. Musil vermittelt die Einsicht, dass die moderne Krise des Individuums in der fehlenden Synthese von Gefühl und Wissen sowie von gesellschaftlichen und subjektiven Belangen besteht.

1949 Tod von Musils Frau Martha.

1952–57 Dreibändige Gesamtausgabe der Werke, herausgegeben von Adolf Frisé.

Biografische Bezüge

Die Verwirrungen des Zöglings Törleß sind kein autobiografischer Roman, obwohl sich Parallelen mit Musils Erziehung zwischen 1892 und 1897 in den Militär-Erziehungsanstalten von Eisenstadt und Mährisch-Weißkirchen im damaligen Österreich-Ungarn feststellen lassen.

Seine dezente Anspielung auf die Sexualität der Mutter im

Roman wird manchmal damit in Verbindung gebracht, dass Musils Mutter ab 1881 eine dauernde Beziehung zu einem anderen Mann unterhielt. Ab 1900 bestand in seinem Elternhause eine »ménage à trois«, die bis zu ihrem Tode dauerte. Man vermutet, dass das Gefühl, zu erleben, wie sich seine Mutter ihm und seinem Vater entfremdete und anderen Männern zuwandte, Musils Einsamkeitsgefühl und seine ambivalente Einstellung zu Frauen bedingte.[21]

Anspielung auf die Mutter

Im Roman werden die Militärschulen von Eisenstadt und Mährisch-Weißkirchen miteinander zum angesehenen »Konvikt zu W.« verschmolzen. Musil »idealisiert und stilisiert«[22] die Anstalt. In Wirklichkeit war sie »eine spartanische Zuchtanstalt«[23]. Vierzig Jahre später denkt er mit Schrecken an die bedrückende Atmosphäre zurück und nennt Weißkirchen »das Arschloch des Teufels«[24].

Vorbilder für Schule und Mitschüler

Bei einigen Personen des Romans kann das Vorbild vermutet oder sogar festgestellt werden.[25] So handelt es sich bei dem »jungen Fürsten H.« um den jungen Erzherzog Heinrich von Toscana, der wie seine beiden Brüder ebenfalls Weißkirchen besuchte. Der Erzherzog verließ die Schule jedoch einige Monate, bevor Musil kam.

Musil schreibt später, »Äußerlichkeiten« seien »wenig verändert, besonders Namen«.[26] Dies trifft auf Reiting und Beineberg zu, aber auch auf Basini. Als Vorbild für beide können der aus Tirol stammende Jarto Reising von Reisinger und Richard Freiherr von Boineburg-Lengsfeld, der Sohn eines Rittmeisters, angenommen werden. Die Ähnlichkeiten beziehen sich nicht nur auf die Namen, sondern auch auf Wesen und Verhalten.

Basini ist eine Figur, die aus Eigenschaften von mindestens zwei realen Personen zusammengesetzt ist, wobei diese identifiziert werden können. Namengeber ist ein gewisser Alexander Baksy, Sohn eines Pfarrers, auf den auch die Beschreibung Basinis in etwa zutrifft. Für den Diebstahl kommt allerdings ein anderer Mitschüler in Frage.

Die Thematik bei anderen Autoren

Im *Törleß* führt Musil unter anderem die Krise einer autoritären Erziehung mit ihren negativen Folgen vor. Die Thematik liegt in der Zeit: Auch andere Autoren stellen das Unverständnis von Eltern und Lehrern gegenüber den ihnen anvertrauten Heranwachsenden dar, das sensible junge Menschen zerbricht und oft im Selbstmord enden lässt. Sie zeichnen oft tragische Schülerschicksale und prangern die Leistungsschule an, deren Drillmethoden den Einzelnen zu zerstören drohen.

Conrad Ferdinand Meyer

Conrad Ferdinand Meyers 1883 entstandene Novelle *Die Leiden eines Knaben* behandelt die Thematik historisierend. Im Mittelpunkt steht der Sohn eines Polizeiministers, der in einer militärisch organisierten Jesuitenanstalt raffiniert zu Tode gequält wird, aber seinem Vater nichts davon sagt.

Frank Wedekind

1892 erscheint Frank Wedekinds Drama *Frühlings Erwachen*, das schonungslos die pubertären und sexuellen Nöte von Heranwachsenden offen legt. Es wird verboten und erst 1906 freigegeben, in dem Jahr, als der *Törleß* erscheint.

Zwei österreichische Autoren üben ebenfalls Kritik an den Verhältnissen in Kadettenanstalten. 1893 berichtet Ernst von Wildenbruch in seiner Erzählung *Edles Blut* vom Diebstahl eines Kameraden. Dieses Vergehen kann nur im Rahmen der Gemeinschaft gesühnt werden. Mit der körperlichen Züchtigung des Diebes ist die Ordnung wiederhergestellt. Allerdings stirbt dessen Bruder durch den Stoß eines sadistischen Mitschülers.

Ernst von Wildenbruch

In größerer zeitlicher Nähe zu Musils Roman steht Rilkes Kadettengeschichte *Die Turnstunde*, 1899 geschrieben und 1902 gedruckt. Die Erzählung verarbeitet eigene Erlebnisse an zwei Militärschulen, darunter auch an der zu Mährisch-Weißkirchen. Rilkes Kadett beißt die Zähne zusammen und trotzt sich Leistungen ab, die zu seinem Tod führen.

Rainer Maria Rilke

Im gleichen Jahr wie der *Törleß* wird Hesses 1903 entstandener autobiografischer Jugendroman *Unterm Rad* veröffentlicht. Seine detailgenaue Darstellung des Schul- und Internatslebens ist eine noch heute aktuelle Kritik an einem Erziehungs- und Ausbildungssystem, das den Schüler zum Zweck herabwürdigt.

Hermann Hesse

7. Rezeption

Aufnahme bei Lesern und Kritikern

Die Reaktion auf das Erscheinen des *Törleß* reicht von überwiegend enthusiastischer Zustimmung bis zu schroffer Ablehnung durch Teile der Leserschaft. Man bewundert einerseits die tabulose Offenheit, mit der Musil die »sado-masochistischen Exzesse«[27] an einer kaiserlich-königlichen Unterrichtsanstalt darstellt und familiäre Interna in Bezug auf seine Mutter andeutet. Andererseits ist man darüber entsetzt. Der Roman ist jedoch Musils erster und größter literarischer Erfolg.

Positive Kritik

Die positive Würdigung des Kritikers Alfred Kerr hat maßgeblich mit zu diesem Erfolg beigetragen. Er berät den Autor vor der Veröffentlichung in stilistischen Fragen und sieht die Stärke des Buches »in der ruhigen, verinnerlichten Gestaltung abseitiger Dinge des Lebens«[28].

Musil selbst freut sich über diesen Erfolg, der ein wichtiger Grund für seine Tätigkeit als freier Schriftsteller war. Andererseits beklagt er das Missverständnis seiner Leser, die den Roman nicht als Darstellung eines Erkenntnisprozesses sehen. Musil betont mehrmals, dass das Buch »nicht naturalistisch« sei, und will es von anderen Werken mit dieser Thematik unterschieden wissen: »Es gibt nicht Pubertätspsychologie wie viele andere, es ist symbolisch, es illustriert eine Idee.«[29]

Negative Kritik

Wegen der eingeschobenen Reflexionen und Beschreibungen von Bewusstseinszuständen, die diese »Idee« umkreisen, ist der Roman nicht einfach zu verstehen. Ein Zeitgenosse Musils, der Kritiker Jakob Schaffner, bezeichnet deshalb den Autor zwar als einen »Schriftsteller von außerordentlichen Qualitäten«, meint jedoch, kein Leser brauche sich gefallen zu lassen, »daß ein poetischer Bericht durch kapitellange abstrakte Psychoanalysen unterbrochen wird«.[30] Allerdings ist der Roman wohl trotzdem bis heute so erfolgreich, weil Musil psychologische und soziologische Probleme behandelt, die unverändert ihre Gültigkeit haben.

Musil wendet sich gegen die Versuche, den Roman psychologisch oder pädagogisch zu vereinnahmen. Er erweitert aber später unter dem Eindruck der geschichtlichen und sozialen Verhältnisse und der Vision einer kommenden Diktatur sein eigenes Verständnis um die gesellschaftliche und die politische Dimension.

Anstößigkeiten und Verbot

In den zwanziger Jahren wird das Buch von einem Teil der Leserschaft immer mehr als Klassiker angesehen. Von den nicht unbedingt literarisch interessierten Lesern wird es jedoch teils ignoriert, teils als unmoralisch verworfen. Man stört sich an den »krassen Schilderungen der Umwelt« und den »perversen Begebenheiten«.[31]

Während der Zeit des Nationalsozialismus wird der Roman verboten, weil Musils Werke als »entartete Kunst« gelten. Deshalb erscheint er erst wieder 1957 im Rahmen von Musils Gesammelten Werken.

Neue Schwerpunktsetzungen

In der Nachkriegszeit verändern und vermehren sich die Betrachtungsschwerpunkte bei Kritikern und Lesern, zum Teil bedingt durch die politischen Erfahrungen. Man sieht im *Törleß* entweder eine psychologisch oder psychoanalytisch ausgerichtete Pubertätsstudie, wonach der junge Mann, der seine Mutter verlässt, ihr gegenüber eine neue Position einnehmen muss.[32] Oder man betrachtet ihn als gruppendynamische Studie, pädagogische Kritik am Internatsleben, Selbstdarstellung des Autors zur Bewältigung seiner Vergangenheit, gesellschaftskritisches Dokument, politische Zukunftsvision, sprachliches Kunstwerk[33] oder als »Schülerroman mit stark erotischem Einschlag [...], voller Anklagen gegen die verkrüppelten Zwänge der Gesellschaft«[34]. Diese zahlreichen Aspekte und die daraus resultierende Themenvielfalt machen den Roman bis heute attraktiv.

Der *Törleß* ist Musils meistgelesenes Werk, nicht zuletzt durch die Taschenbuchausgabe, die in erster Auflage 1959 herausgegeben wurde. Mittlerweile sind weit über 50 Auflagen erschienen!

Die Verfilmung: *Der junge Törleß*

Im Jahre 1966 wurde Törleß' Roman unter dem Titel *Der junge Törleß* von Volker Schlöndorff verfilmt, der auch das Drehbuch schrieb. Der Film erhielt mehrere Preise und erregte Aufsehen bei den Filmfestspielen in Cannes.

Unterschied zum Roman

Schlöndorff erzählt die Geschichte mit filmischen Mitteln: Er legt deshalb weniger Gewicht auf Reflexion als auf Handlung und bevorzugt Szenen, die sich visualisieren lassen. So fällt z. B. die Sprachproblematik ganz weg, dafür werden jedoch das Gruppenverhalten der Schüler sowie dessen Einmünden in Gewalt deutlich stärker akzentuiert als im Roman. Der Regisseur hält sich zwar meist eng an die Vorlage, manche Dialoge entnimmt er wörtlich dem

Text, er ändert jedoch die Szenenfolge und gewichtet sie entsprechend seiner Intention anders.

Die größte Abweichung besteht in den Figuren: »Musils Gestalten sind bei Schlöndorff nicht wiederzuerkennen; am ehesten vielleicht der sinnlich frivole Beineberg mit den hübschen Händen. Musils schöner, lüstern machender Basini ist hier ein schmollendes Dickerle mit Dialektsprache geworden. Die ärmliche Landprostituierte ist nur noch eine schnuckelige Bardame, und Törleß selbst zeigt eher die von Musil dem Basini zugeschriebene Knabenhübschheit mit verträumt unterkühlter Pubertätsarroganz.«[35]

Neue Akzentuierung

Schon der verkürzte Titel *Der junge Törleß* zeigt die neue Akzentuierung: Es geht nicht in erster Linie um die Seelenzustände von Törleß, um seine »Verwirrungen« unterschiedlicher Art, sondern um die sozialpsychologischen und politischen Aspekte des Romans. Der Regisseur: »Die Geschichte selbst ist der Archetyp eines Machtverhältnisses, eine Studie zum Thema ›Die Macht und ihr Missbrauch.‹[36]

Parabelcharakter

Er sieht seinen Film als Parabel der Nazi-Zeit. Reiting und Beineberg sind für ihn die Repräsentanten der Diktatur, Basini steht stellvertretend für die Juden, der intelligente Törleß verkörpert das deutsche Volk. Ein Kritiker schreibt: »Er hat einen Törleß gedreht, der erst nach den Konzentrationslagern möglich ist oder: die bitteren Erfahrungen des Nationalsozialismus nicht vergißt.« Ihm erscheint allerdings eine »solche Konstruktion fragwürdig« und zu kurz gegriffen. Vom »normalen Publikum« werde sie wohl »kaum so begriffen«.[37]

Ein anderer Kritiker ist ähnlicher Ansicht. Er schreibt,

Schlöndorffs politische Parabel treffe nicht auf die Darsteller der Personen zu. Basini könne »nicht im geringsten für die Opfer des Faschismus stehen und Törleß nicht für die Mitschuld der Deutschen und Österreicher«.[38]

Entsprechend Schlöndorffs Intention spielt die Gewalt eine große, manchmal unerträgliche Rolle. Der Regisseur bringt die »verletzende Rohheit, den zerstörerischen Sadismus der Jugend« ins Bild, schreibt der Kritiker Ernst Wendt.[39] Für den Regisseur sind Gewaltszenen notwendig, »weil er auch optisch nachweisen wollte, zu welchen Rohheiten Menschen fähig sind«[40]. Deshalb legt er starkes Gewicht auf die Bestrafungsszene Basinis.

Bedeutung der Gewalt

Insgesamt gesehen wird *Der junge Törleß* als ein aufrüttelnder Film gewürdigt, der bis heute nichts von seiner Aktualität, von seiner impliziten politischen Mahnung verloren hat und der dazu beitrug, »das Ansehen des deutschen Films international zu rehabilitieren«[41].

Aktualität

Die Verfilmung des *Törleß* ist ein Zeichen für die fortdauernde Wirkung des Textes und seine Aktualität. Heute wird weniger seine erkenntnistheoretische Thematik in den Mittelpunkt der Betrachtung gestellt als seine psychologischen, soziologischen und politischen Aspekte:

- die Pubertäts- und Selbstfindungsprobleme Jugendlicher,
- die Verhaltensweisen junger Menschen in Cliquen,
- der Zusammenhang von Sexualität und Gewalt,
- der Parabelcharakter: Vorwegnahme der Nazi-Diktatur,
- die Entstehung von Diktaturen und Massenbewegungen überhaupt.

8. Checkliste

1. Worauf ist der große Erfolg des *Törleß* bei seinem Erscheinen zurückzuführen?
2. Welche persönliche Konsequenz zieht Musil aus dem Erfolg des Romans?
3. Um welches Problem geht es in dem Roman?
4. Welche Informationen erhält der Leser schon in der Eingangsszene?
5. Um welche Themen geht es bei der Unterhaltung Törleß' mit Reiting in der Konditorei?
6. Welche Gedanken kommen Törleß während seines Besuchs bei Božena?
7. Welche Vorschläge zum Verhalten gegenüber dem Dieb Basini machen die Zöglinge?
8. Welche neue Erfahrung macht Törleß beim Gespräch in der Dachkammer?
9. Wie reagiert Törleß auf die Ratschläge seiner Eltern?
10. Welchen Zweck haben Törleß' Schreibversuche, und zu welchem Ergebnis führen sie?
11. Wie verhalten sich die drei Jugendlichen Basini gegenüber?
12. Wie reagiert Basini? Gründe?
13. Welche Folgen hat das Scheitern des Hypnoseversuchs für Basini?
14. Wie verhalten sich Beineberg und Reiting den Lehrern gegenüber?
15. Wie stellt Törleß sein Verhalten den Lehrern dar?
16. Beschreiben Sie den Aufbau des Textes.
17. Welche Besonderheit der Personencharakterisierung ist festzustellen?

18. Beschreiben Sie Wesen und Verhalten Beinebergs, Reitings und Basinis.
19. Beschreiben Sie das Verhältnis von Törleß zu seinen Klassenkameraden.
20. Welche Bedeutung haben für Törleß' Entwicklung
    - die Begegnung mit dem Prinzen,
    - der Abschied von den Eltern,
    - der Besuch bei Božena,
    - die sexuelle Beziehung zu Basini,
    - sein Erlebnis im Park,
    - seine Probleme mit den imaginären Zahlen und mit Kant,
    - seine Verteidigungsrede vor den Lehrern,
    - sein Weggang vom Internat?
21. Welche Krisen muss er bewältigen, und zu welchem Ergebnis führt seine Entwicklung?
22. Welcher Art sind Törleß' »Verwirrungen« und wie lösen sie sich?
23. Welche Bedeutung hat das Motto des Romans?
24. Welche gesellschaftskritischen Ansätze enthält der Roman?
25. Beschreiben Sie erzähltechnische Besonderheiten des Romans in ihrer Funktion.
26. Welche beiden Handlungsschichten lassen sich unterscheiden?
27. Beschreiben Sie die Zeitgestaltung des Romans.
28. Stellen Sie die symbolische Bedeutung wichtiger Geschehensräume dar.
29. Welche symbolische Bedeutung haben die verschiedenen Formen des Lichts?
30. Nennen Sie Dingsymbole und ihre Bedeutung.
31. Welcher sprachlichen Mittel bedient sich der Autor, um

die Problematik entsprechend seiner Intention darzustellen?

32. Beschreiben Sie den historischen, sozialen und geistesgeschichtlichen Kontext, in dem der Roman entstand. Wie verhält sich die Problematik des Romans zu diesen Zeitströmungen?

33. Welches ist Musils Hauptwerk?

34. Welche biografischen Bezüge lassen sich im Roman feststellen?

35. Welche anderen Autoren haben vor und mit Musil die Erziehungs- und Entwicklungsthematik in ihren Werken gestaltet?

36. Wie wurde der Roman bei seinem Erscheinen, in der Zeit des Nationalsozialismus und danach aufgenommen?

37. Welche Schwerpunktverschiebung nimmt der Regisseur Volker Schlöndorff im Film *Der junge Törleß* vor? Wofür soll er eine Parabel sein?

38. Welche Aspekte des Romans stehen heute im Mittelpunkt des Interesses?

9. Lektüretipps/Filmempfehlungen

Einzelausgabe

Robert Musil: Die Verwirrungen des Zöglings Törleß. Reinbek bei Hamburg: Rowohlt, 2002. (rororo. 10300.) – *Nach dieser Ausgabe wird zitiert.*

Werkausgabe

Robert Musil: Gesammelte Werke. 2 Bde. Hrsg. von Adolf Frisé. Bd. 1: Der Mann ohne Eigenschaften. Bd. 2: Prosa und Stücke. Reinbek bei Hamburg: Rowohlt, 1978. *Die Verwirrungen des Zöglings Törleß* in Bd. 2, S. 7–140.

Materialien

Schröder-Werle, Renate: Erläuterungen und Dokumente: Robert Musil: *Die Verwirrungen des Zöglings Törleß.* Stuttgart 2001. (Reclams UB. 16019.) – *Interessante und detailreiche Materialiensammlung, umfangreiche Sacherläuterungen, zahlreiche Texte zur Wirkungsgeschichte, zur Verfilmung und zum zeitlichen Kontext.*

Zur Biografie

Berghahn, Wilfried: Robert Musil in Selbstzeugnissen und Bilddokumenten. Reinbek bei Hamburg 1969. – *An-*

schauliche Darstellung von Musils Leben anhand von Textauszügen aus seinen Werken und Bildern.

Corino, Karl: Musil. Leben und Werk in Bildern und Texten. Reinbek bei Hamburg 1988. – *Sehr aufwändig gestaltete große Biografie auf der Grundlage zahlreicher Bilder des Autors, wichtiger Zeitgenossen und entsprechender Texte aus seinen Werken.*

Zum Werk

Heftrich, Eckhard: Musil. Eine Einführung. München/Zürich 1986. (Artemis Einführungen. 30). – *Gute Einführung in Musils Werk.*

Luserke, Matthias: Robert Musil. Stuttgart/Weimar 1995. (Sammlung Metzler. 289). – *Interessante, gut lesbare Darstellung des Lebens von Robert Musil. Sehr gute, pointiert geschriebene Interpretationen zu den einzelnen Werken, guter Überblick über die Forschungslage, umfangreiche Literaturliste. Sehr zu empfehlen.*

Zu *Törleß*

Großmann, Bernhard: Robert Musil, Die Verwirrungen des Zöglings Törleß. München 1997. (Oldenbourg Interpretationen. 26.) – *Gute anspruchsvolle Interpretation des Textes unter verschiedenen Gesichtspunkten. Mit Unterrichtshilfen.*

Heftrich, Eckhard: Robert Musil, Die Verwirrungen des Zöglings Törleß. In: Interpretationen: Erzählungen des 20. Jahrhunderts. Bd. 1. Stuttgart 1996. (Reclams UB.

9462.) S. 99–119. – *Gut lesbare Interpretation des Textes unter verschiedenen Gesichtspunkten.*

Jens, Walter: Sadistische Spiele auf dem Dachboden. In: Marcel Reich-Ranicki (Hrsg.): Romane von gestern – heute gelesen. Frankfurt a. M. 1989. S. 55–62. – *Knappe, interessante Darstellung biografischer, sozialer und politischer Aspekte.*

Krejci, Michael: Robert Musil, Die Verwirrungen des Zöglings Törleß. In: Jakob Lehmann (Hrsg.): Deutsche Romane von Grimmelshausen bis Walser. Bd. 1. S. 123–142. – *Gute Übersicht über die verschiedenen Interpretationsaspekte.*

Minder, Robert: Kadettenhaus, Gruppendynamik und Stilwandel von Wildenbruch bis Rilke und Musil. In: Robert Minder: Kultur und Literatur in Deutschland und Frankreich. Frankfurt a. M. 1977. (Suhrkamp Taschenbuch. 397.) S. 76–95. – *Gute Übersicht über die Gestaltung der Thematik bei anderen Autoren. Interessante Aktualisierung der Thematik unter historisch-politischem Aspekt.*

Film

Schlöndorff, Volker: Der junge Törleß, 88 Min., 1966. Drehbuch: Volker Schlöndorff und Herbert Asmodi. Musik: Hans Werner Henze. Beratung: Wilfried Berghahn. Hauptrolle: Mathieu Carrière. – *Auszüge aus Kommentaren und Besprechungen des Films in: Renate Schröder-Werle, Erläuterungen und Dokumente, S. 107–127.*

Anmerkungen

1 Zit. nach: Karl Dinklage (Hrsg.), *Robert Musil. Leben, Werk, Wirkung*, Wien 1960, S. 276.
2 Bernhard Großmann, *Robert Musil, Die Verwirrungen des Zöglings Törleß*, München 1988, 3., überarb. und korr. Aufl. 1997 (Oldenbourg Interpretationen, 26), S. 50.
3 Matthias Luserke, *Robert Musil*, Stuttgart/Weimar 1995 (Sammlung Metzler, 289), S. 25.
4 Zit. nach: Annie Reniers, *Törleß: Freudsche Verwirrungen?* In: Karl Dinklage [u.a.], *Robert Musil. Studien zu seinem Werk*, Hamburg 1970, S. 26–39, S. 32.
5 Luserke (Anm. 3), S. 28.
6 Großmann (Anm. 2), S. 23.
7 Dagmar Herwig, *Der Mensch in der Entfremdung. Studien zur Entfremdungsproblematik anhand des Werkes von Robert Musil*, München 1972, S. 77.
8 Luserke (Anm. 3), S. 28.
9 Gerd Müller, *Dichtung und Wissenschaft. Studien zu Robert Musils Romanen »Die Verwirrungen des Zöglings Törleß«* und *»Der Mann ohne Eigenschaften«*, Uppsala, 1971, S. 48.
10 Michael Krejci, »Robert Musil, *Die Verwirrungen des Zöglings Törleß*«, in: *Deutsche Romane von Grimmelshausen bis Walser. Interpretationen für den Literaturunterricht*, hrsg. von Jakob Lehmann, Bd. 1, Königstein i. Ts. 1982, S. 123–142, S. 131.
11 Robert Minder, *Kadettenhaus, Gruppendynamik und Stilwandel von Wildenbruch bis Rilke und Musil*, in: R. M., *Kultur und Literatur in Deutschland und Frankreich. Fünf Essays*, Frankfurt a. M. 1962, S. 73–93, S. 86.
12 Luserke (Anm. 3), S. 30.
13 Minder (Anm. 11), S. 85.
14 Wilfried Berghahn, *Robert Musil in Selbstzeugnissen und Bilddokumenten,* Reinbek bei Hamburg 1969 (rowohlts monographien, 81), S. 28ff.
15 Heribert Brosthaus, *Der Entwicklungsroman einer Idee. Untersuchungen zu Gehalt, Struktur und Stil in Robert Musils Roman »Die Verwirrungen des Zöglings Törleß«*, Würzburg 1969, S. 32f.
16 Brosthaus (Anm. 15), S. 168.

17 Hans Dänzer, *Robert Musils Roman »Die Verwirrungen des Zöglings Törleß«. Freilegung und Beschreibung*, Diss. Zürich 1970, S. 174.
18 Dänzer (Anm. 17), S. 174.
19 Zit. nach: Renate Schröder-Werle, *Erläuterungen und Dokumente, »Die Verwirrungen des Zöglings Törleß«*, Stuttgart 2001 (Reclams UB, 16019), S. 101.
20 Zit. nach: Schröder-Werle (Anm. 19), S. 104.
21 Vgl. Ernst Kaiser / Eithne Wilkins, *Robert Musil. Eine Einführung in das Werk,* Stuttgart 1969, S. 75.
22 Karl Corino, »Törleß ignotus. Zu den biographischen Hintergründen von Robert Musils Roman *Die Verwirrungen des Zöglings Törleß*«, in: Heinz Ludwig Arnold (Hrsg.), *Text und Kritik* (1968) H. 21/22, S. 61–71, S. 63.
23 Berghahn (Anm. 14), S. 29.
24 Zit. nach: Berghahn (Anm. 14), S. 29.
25 Vgl. Corino (Anm. 22), S. 65 ff.
26 Zit. nach: Krejci (Anm. 10), S. 130.
27 Walter Jens, »Sadistische Spiele auf dem Dachboden«, in: Marcel Reich-Ranicki (Hrsg.), *Romane von gestern – heute gelesen*, Bd. 1, 1900–1918, Frankfurt a. M. 1989, S. 57.
28 Zit. nach: Schröder-Werle (Anm. 19), S. 81.
29 Zit. nach: Schröder-Werle (Anm. 19), S. 75.
30 Zit. nach: Schröder-Werle (Anm. 19), S. 97 f.
31 Zit. nach: Schröder-Werle (Anm. 19), S. 103.
32 Vgl. zu diesem Thema Jacqueline Magnou, »Törleß – Eine Variation über den Ödipus-Komplex? Einige Bemerkungen zur Struktur des Romans«, in: *Musil-Forum* 3 (1977) S. 134–158. Wiederabgedr. in: Renate von Heydebrand (Hrsg.), *Robert Musil*, Darmstadt 1982 (Wege der Forschung 588), S. 296–318.
33 Vgl. Kreji (Anm. 10), S. 128.
34 Heftrich, Eckhard, *Musil, Eine Einführung*, München/Zürich 1986 (Artemis Einführungen, 30), S. 12.
35 Zit. nach: Schröder-Werle (Anm. 19), S. 125.
36 Zit. nach: Schröder-Werle (Anm. 19), S. 119.
37 Zit. nach: Schröder-Werle (Anm. 19), S. 113.
38 Zit. nach: Schröder-Werle (Anm. 19), S. 127.
39 Zit. nach: Schröder-Werle (Anm. 19), S. 117.
40 Zit. nach: Schröder-Werle (Anm. 19), S. 114.
41 Zit. nach: Schröder-Werle (Anm. 19), S. 111.